Phileas del Montesexto

OS PILARES
DA PANSOFÍA

Editado por Opus Philosophicae Initiationis Internacional
info@initiationis.org
www.initiationis.org

Desenho da capa: Adrià Volta

Desenhos interiores: César Fernández (a lápis, branco e negro) y Adrià Volt (imagens dos veículos do ser humano, a cor)

Esquema da escala iniciática: Héctor Fabián Perea

Tradução para a língua portuguesa (Brasil): Awmergin

Edição para a web cedida pelo autor

Todos os direitos reservados. Julho 2014

Conteúdo

Introdução 7

A Filosofia Perene como alternativa 11

Método de estudo 12

O Templo da Pansofia 15

Um advertência inicial 16

Os três pedreiros 18

O umbral do Templo 22

A Sala Preliminar 30

Começa a viver teus ideais 37

Conto: Os pocinhos e o poço 38

A Sala do Sonho 40

As coisas que não te correspondem 49

Conto: Até quando adormecido? 50

A Sala do Oriente e Ocidente 53

Conto: O espelho da deusa 60

A Sala do Autoconhecimento 63

O exemplo da carruagem 72

Conto: Quem és? 73

A Sala dos Quatro Elementos 76

Conto: O bote de Nassrudin 83

A Sala da Lei 85

A Sala da Vida e da Morte 93

Conto: A história da humanidade 103

A Sala do Absoluto 106

Deus perto de ti 112

A Sala do Trabalho 114

A Sala da Unidade 123

Mantra da Unificação 127

Conto: Sou tu 128

A Sala da Virtude 129

A Sala dos Mistérios 136

Glossário de termos 140

Referências bibliográficas e notas 148

Para que servem os óculos e as velas se não se quer ver?

(Obra de Cornelis Bloemaert, British Museum)

Introdução

"Eu unicamente transmito; não posso criar coisas novas. Creio nos antigos, e portanto, os amo". (Confúcio)

Nas seguintes páginas tratamos de sintetizar os ensinamentos fundamentaiss da Filosofia Perene em um só volume, de acordo com a metodologia que propõe nossa Associação Internacional de Filosofia Iniciática OPI. O leitor entenderá melhor e tirará maior proveito destas lições se levar em conta que as mesmas formam parte de um Programa de estudos muito mais amplo e que os temas apresentados nesta obra são desenvolvidos em outros livros.

A apresentação desta série de livros reunidos sob o título "Enciclopédia de Sabedoria Antiga" está inspirada no antigo axioma Ad dissipata colligenda (Reunir o disperso), pois parte da necessidade de contrapor-se à sobredose de informação existente em nossos dias, onde o principiante não sabe por onde começar e – o que é pior – carece de elementos necessários para diferenciar os ensinamentos autênticos da Tradição Primordial das ficções comerciais da "New Age".

Os estudos que damos estão estruturados gradualmente e são um convite para que o leitor se familiarize com os conceitos gerais da Sabedoria Antiga, mesmo que ao longo de nossos escritos advirtamos uma e outra vez que é absolutamente indispensável acompanhar a leitura com a colocação em prática dos ensinamentos.

Neste primeiro livro propomos um percurso imaginário

pelas 12 salas do Templo da Pansofia(*), um edifício monumental onde se conservaram os principais ensinamentos da filosofia sapiencial dos antigos. Caminhando por seus enigmáticos salões, o leitor poderá encontrar respostas a algumas de suas perguntas existenciais e imaginar assim sua própria peregrinação pelo Sendeiro Iniciático, repleto de símbolos, provas e desafios, até chegar ao recinto mais sagrado de todos: o Sancta Sanctorum.

É importante esclarecer que ao longo do relato repetiremos deliberadamente alguns conceitos uma e outra vez sob pena de parecer insistentes. Estas reiterações não respondem a um lapso nosso, mas a uma utilização de um recurso muito comum na transmissão do conhecimento filosófico.

O leitor sagaz poderá perceber que com cada repetição se irão agregando novos elementos e correspondências para que se possa compreender mais profundamente os ensinamentos como um todo harmônico e coerente.

Phileas del Montesexto

(*) O termo "Pansofia" significa "Saber total" (Pan =Todo e Sofía = Sabedoria)

A Filosofia Perene como alternativa

Muitos leitores seguramente se perguntarão: por que deveríamos iniciar este caminho de autoconhecimento? Ou –dito de outro modo– em que nos beneficia empreender estudos filosóficos?

O objetivo fundamental a que nos propusemos é dar ao estudante as ferramentas necessárias para potencializar uma profunda transformação interior, que desperte suas faculdades latentes e revolucione sua consciência a fim de alcançar a autorrealização.

A sociedade moderna trata de convencer-nos, mediante o bombardeio publicitário, de que a felicidade consiste na satisfação dos desejos, consumindo mais e tendo mais e mais coisas. Sem embargo, essa suposta felicidade não é duradoura quando o desejo foi satisfeito, o ser humano se sente frustrado pois a felicidade escapou das mãos, sentindo a necessidade de satisfazer novos desejos que o levam a um carrossel que não tem fim.

Segundo os antigos a felicidade permanente não provem da satisfação de nossos desejos, mas de viver uma vida plena e consciente, descobrindo intimamente quem somos e porque nascemos neste planeta. Não obstante, para alcançar esta felicidade autêntica faz-se necessário uma mudança radical em nossa forma de pensar e de sentir.

Esta transformação implica em uma reeducação, uma nova forma de interpretar o mundo e codificar os sinais que chegam à nossa mente através dos sentidos.

Não podemos esperar que as mudanças venham de

fora. Para mudar o mundo, primeiro devemos mudar a nós interiormente. Se quisermos um mundo mais justo, mais virtuoso, menos corrupto, menos violento, nós mesmos devemos ser justos, virtuosos, erradicando de nossa vida toda conduta corrupta e violenta.

A vida sem rumo que nos propõe a sociedade de consumo –estruturada em torno do materialismo e da ignorância– converteu-nos em marionetes das circunstâncias e escravos de nossos desejos. A Filosofia Perene é uma alternativa que se contrapõe à sensibilidade predominante no mundo moderno e nos convida a tomar o controle de nossa existência, formando-nos integralmente a fim de alcançar uma vida plena.

Vale a pena viver de uma maneira mais digna e consciente e atrever-se a transitar a senda dos antigos, ainda quando o mundo inteiro parece estar indo na direção contrária.

Método de estudo

El método de estudio que presentamos en nuestros escO método de estudo que apresentaremos em nossos escritos fundamenta-se no esforço pessoal e na diferenciação entre "ler" e "estudar", pois –ainda que a leitura possa "abrir os nossos olhos"– é impossível alcançar a iluminação ou iniciar-se simplesmente acumulando dados e informação.

Os alquimistas diziam: *"Rumpite libros ne corda rumpantur"* ("Despedaçai os livros, a não ser que despedacem vosso coração"), que em seu sentido profundo significa que os livros como um fim em si mesmo, e não como um meio para algo superior, podem ser mais nocivos que benéficos.

Os que prefiram simplesmente "ler" poderiam INFORMAR-SE de uma grande variedade de temas, mas aqueles que realmente prefiram "estudar" teriam a oportunidade de FORMAR-SE, atendendo a nosso método prático e gradual, baseado na máxima "APRENDER FAZENDO".

O método educativo a que estamos acostumados pode descrever-se da seguinte maneira:

"Nós temos o conhecimento e VOCÊ não tem, por isso lhe daremos uma aula acerca das coisas que deveria conhecer e em pouco tempo lhe perguntaremos (mediante um exame ou prova) se conserva em sua memória as coisas que contamos".

Sem embargo, este enunciado está bastante distante do espírito de nossos estudos, já que declaramos estar em consonância com duas ideias capitais ensinadas pelos antigos:

1) Platão disse: *"Todo conhecimento é recordação"*, pelo qual os instrutores e facilitadores devem "facilitar" o caminho para que o estudante "recorde" o que já sabe interiormente.

2) Aristóteles agregou: *"O que temos que aprender, aprendemo-lo fazendo. O que se memoriza se esquece e sobretudo, se o que se aprende não provém da própria experiência, não se aprende e se esquece rapidamente"*.

Tendo isso em conta, o modelo que apresentamos em

nossas obras é o seguinte: *"Nós lhe facilitaremos isto, o modelo que apresentamos em nossas obras é o seguinte: níveis de consciência e recordar. VOCÊ, seja disciplinado e constante, levando à prática o aprendido e não se limite a acumular informação".*

> Faz algo mais que existir, VIVE.
>
> Faz algo mais que olhar, OBSERVA.
>
> Faz algo mais que ler, ASSIMILA.
>
> Faz algo mais que ouvir, ESCUTA.
>
> Faz algo mais que escutar, COMPREENDE.
>
> Faz algo mais que falar, DIZ ALGO ÚTIL.
>
> Faz algo mais que propor, ATÚA!

O Templo da Pansofia

Caminhante: sê bem-vindo a esta paragem sagrada! Tua incessante busca de respostas à tua intrépida peregrinação por diferentes caminhos te trouxe a esta fabulosa construção de mármore que se encontra diante de ti, o santuário mais importante da Tradição Primordial: o Templo da Pansofia.

Nas salas interiores deste monumental recinto, os discípulos e iniciados conservaram zelosamente todos os ensinamentos transcendentes da humanidade, legadas desde tempos imemoriais pelos grandes Mestres e Instrutores que tiveram a lucidez necessária para adaptar a mensagem universal da Sabedoria Antiga às mentalidades das diferentes épocas e dos diversos entornos geográficos.

Esta construção pansófica é o refúgio dos filósofos, uma réplica dos edifícios das Escolas de Mistérios da antiguidade, que eram o âmbito propício para que os grandes sábios e legisladores se formassem integralmente e utilizassem mais tarde os ensinamentos recebidos para o benefício de seus semelhantes.

Se tu, caminhante, estás absolutamente decidido a transformar positivamente tua vida, abandonando as ilusões de uma sociedade insana, podes começar a transitar a senda de aperfeiçoamento que propomos a fim de encontrar o sentido de tua vida. Não duvides mais. Avança e dá o primeiro passo. Sê bem-vindo ao Templo da Pansofia.

Uma advertência inicial

No Templo da Pansofia transmitem-se ensinamentos filosóficos e iniciáticos. Sem embargo, estas duas palavras não deveriam entender-se à maneira habitual. Em nossos dias, a Filosofia é considerada um conjunto de conceitos teóricos sem nenhuma aplicação vivencial, um saber abstrato e especulativo, manejado por uma elite intelectual com os mesmos problemas, angústias e dúvidas existenciais que da maior parte da humanidade.

Por outro lado, a Iniciação geralmente é entendida como um rito, uma cerimônia mais ou menos secreta através da qual um indivíduo passa a formar parte de uma confraria ou ordem com usos e costumes que dizem remontarem-se há tempos pretéritos.

Contudo, o significado mais profundo destes termos ensinado neste recinto pansófico é absolutamente diferente de sua acepção popular.

Sendo assim, a Filosofia deve ser entendida como "amor à sabedoria", um conhecimento profundo que pode ser aplicado perfeitamente em nossa vida cotidiana para que esta seja mais luminosa e sejamos mais conscientes. O Filósofo, como "enamorado da verdade", segue o exemplo dos antigos em sua busca do veraz, do justo e do bom, do belo, e rechaçando seus contrários: o falso, o injusto, o mal, o grotesco.

Por outro lado, neste lugar a Iniciação deve-se compreender, não simplesmente como um rito, prática ou cerimônia, mas como um "estado de consciência" que se alcança após uma esforçada peregrinação por um caminho de aperfeiçoamento que se denomina tradicionalmente "Sendeiro Iniciático".

No frontispício deste grande santuário pansófico pode-se apreciar uma placa de granito onde está inscrita prolixamente uma velha máxima latina a modo de advertência: *"Procul hinc, procul ite prophani"* ("Longe daqui, distanciai-vos profanos!"). Esta frase é um aviso muito claro dirigido aos curiosos e àqueles que não tem o mérito suficiente para ingressar no Templo, que no jargão filosófico recebem o nome de "profanos". O caminho da sabedoria está aberto a todos e todos são convidados a trilhá-lo, ainda que verdadeiramente nem todos estejam dispostos a percorrê-lo. Por esta razão, alguns instrutores espirituais preferiram dedicar suas inspiradas obras *"aos poucos"* (1), ou seja, àquelas pessoas valentes que ante o chamado de seu Mestre Interior, chegam a ele e decidem remar contra a corrente.

Porém, quem são realmente os profanos? Em uma primeira aproximação e seguindo a etimologia da palavra, podemos dizer que são aqueles que preferem ficar "fora do Templo" e que estão sujeitos à aparência puramente exterior das coisas. Enquanto que os profanos fundamentam suas vidas na matéria, na ilusão e na ignorância, distanciados de qualquer pensamento transcendente (o qual é incentivado pela nossa atual sociedade de consumo), os iniciados e os discípulos –por sua vez– vivem em comunhão permanente com o transcendente, convertendo sua profissão, atividade ou ofício em um "sacrifício" (ofício sagrado). O tema da Ordem Templária *"Non Nobis, no nobis, Domine Sed nomini tuo da gloriam"* ("Nada para nós, Senhor, nada para nós, mas para a glória de Teu nome") evidência desta oferenda desinteressada a Deus, própria daqueles homens despertos que avançaram no Sendeiro.

Os três pedreiros

Em uma ocasião, um caminhante encontrou-se com um grupo de pedreiros, ocupados na construção de um edifício e quis saber em que obra estavam trabalhando.

Perguntou ao primeiro obreiro e este lhe respondeu: "Não vês? Quebro pedra".

Não conformado com a resposta, interrogou ao segundo alveneiro e este disse com sinceridade: "Ganho o meu pão".

Por último, decidiu perguntar ao terceiro trabalhador e este disse com orgulho: "Construo uma catedral".

Como podemos apreciar nesta reveladora estória, o primeiro pedreiro não tinha ideia do que estava fazendo, mas o fazia porque assim se o havia ordenado, mesmo sem saber qual seria o resultado final de seu trabalho. O segundo mantinha uma postura egoísta e pensava em seu próprio proveito: ganhar dinheiro através de seu trabalho. O terceiro era um obreiro consciente de seu labor, pois sabia que com seu granito de areia estava colaborando na construção de algo monumental. Isto é importante destacar: o obreiro consciente sabe que transformando sua vida pode transformar o mundo, pois com um aporte mínimo pode mudá-lo todo.

Nosso Programa de estudos foi elaborado para que o estudante obtenha os conhecimentos necessários a fim de despertar sua consciência e converter-se em obreiro na construção de algo maior. Por esta razão nossa associação

foi chamada Opus Philosophicae Initiationis, pois implica na consolidação de uma "Grande Obra" (Opus) que não é outra coisa que a formação de melhores seres humanos que encontrem o sentido da vida e que colaborem na construção de uma sociedade melhor.

Não há nada de novo no que ensinamos. Nosso intento limita-se a apresentar "vinho velho em odres novos", tratando de fazê-lo da melhor maneira e sendo fiéis aos ensinamentos sagrados que os Mestres de Sabedoria transmitiram à humanidade.

Nas palavras de Erich Fromm: *"A revolução de nossos corações não exige uma sabedoria nova, mas uma seriedade e uma dedicação novas"*.

O umbral do Templo

Ao atravessares o umbral do Templo da Pansofia, um verdadeiro oásis no deserto de uma sociedade hostil a qualquer pensamento elevado, estás ingressando verdadeiramente em outra dimensão, deixando para trás as celeridades e ilusões do mundo profano. No vestíbulo deste recinto luminoso, pode-se observar a majestosidade da construção, e se nota que cada detalhe arquitetônico não está colocado ao acaso, mas que corresponde aos padrões geométricos sagrados. Todas as decorações, estátuas e fontes simbólicas tem um propósito bem claro: enviar sinais a tua consciência para que despertes de teu letargo.

Esta transmissão premeditada de conhecimentos mediante símbolos e signos esotéricos, fica evidenciada já no umbral do Templo, onde poderás observar quatro colunatas coríntias que flanqueiam a entrada, duas de cada lado, e em cada uma delas uma inscrição latina, a saber: Scientia (Ciência), Ars (Arte), Civilitas (Política) e Religio (Religião).

Em seu capitel, as colunas foram decoradas com folhas de acanto, uma característica usual desta ordem arquitetônica clássica. Tais folhas representam as dificuldades e os obstáculos do Sendeiro Iniciático e são uma alusão ao triunfo dos discípulos, ainda advertindo que este somente se concretizará mediante o esforço constante e dedicação. Dito de outro modo: o discípulo tem o êxito assegurado, mas este êxito depende unicamente de sua disciplina e constância.

As inscrições dos quatro pilares fazem referência à característica "omniabartante" da Sabedoria Antiga, pois seu objeto de estudo não se limita a um conhecimento especulativo, mas é parte essencial da própria vida e, portanto, nenhuma disciplina, ofício, profissão ou aspecto vinculado com o ser humano lhe é alheio. De acordo com os ensinamentos clássicos, todo o templo dedicado ao conhecimento transcendente do ser humano deve estar sustentado por estes quatro pilares fundamentais: a Ciência, a Arte, a Política e a Religião, destacando estes quatro aspectos como os conhecimentos da Filosofia Perene. Em algumas ocasiões, substitui-se "Política" por "Filosofia", ainda que suponhamos que esta substituição é ocasionada pela incapacidade de encontrar na política algo transcendente (o qual é certo se nos ativermos à corrompida política contemporânea).

Por outro lado, a separação da "Filosofia" como uma disciplina separada e independente também cremos que é um equívoco, já que nenhuma atividade humana pode estar divorciada da Filosofia, pois todo fazer humano pode e deve estar impregnado por esta, entendendo-a em sua acepção arcaica de "amor à sabedoria" e não como um entretenimento especulativo para distrair a mente.

Estas quatro vias, que tentam ser um resumo das múltiplas vias de desenvolvimento humano, em ocasiões são representadas mediante uma matriz piramidal, na qual se identificam com as quatro faces da pirâmide, as quais se mostram bem separadas na base, mas, à medida que ascendemos ao vértice, as mesmas vão-se aproximando até alcançar a união na cúspide. Deste modo fica explicado, com um exemplo simples, que a Verdade suprema se pode alcançar por diferentes caminhos, cada um deles adequado a diferentes tipos de homens.

A coluna Religo, isto é: re-ligião, implica em tornar a unir algo que primordialmente foi a mesma coisa. Desde esta perspectiva, a Filosofia Perene fala de um cosmos em miniatura ou microcosmos (o ser humano) que é reflexo de um Macrocosmos (a divindade) a qual estava unido originalmente, estabelecendo uma série de instruções, rituais e técnicas para re-integrar esse ser finito com o Absoluto. Em todos os casos, o principal objetivo da Religião é descobrir nossa verdadeira natureza, que os orientais resumem nesta consigna: *"Faz-te o que és"*.

Desde uma perspectiva iniciática, "Religião" significa REINTEGRAR.

A coluna Civilitas não se refere à política inconsciente e corrupta, a que estamos tristemente acostumados, mas a uma nova política que deve surgir da consciência. Assim como o ser humano possui uma natureza e propósito transcendente, do mesmo modo a sociedade (que é a reunião de homens) também deve ser considerada desde uma ótica superior.

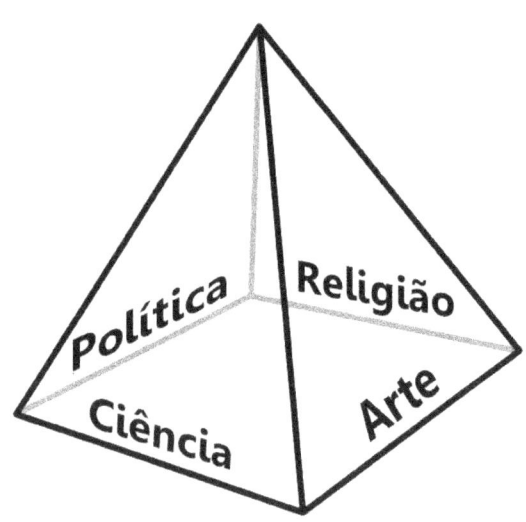

Os antigos faziam alusão a uma mítica sociedade primordial (Atlântida, Hiperbórea, etc.) onde cada ofício e profissão era uma parte de um complexo mosaico que dava forma a uma civilização integrada e harmônica. Em nossos dias, enquanto o ser humano é espectador da paulatina desintegração social e corrupção moral do mundo contemporâneo em torno de uma globalização avassaladora, as organizações políticas não tem ideia de como resolver os males do mundo sem renunciar a seus privilégios e a um suposto "progresso" que alcançou a sociedade de consumo.

É necessária a irrupção neste mundo caótico de uma nova política que parta da consciência, que seja autenticamente "revolucionária" (não reformista) e que erradique os interesses egoístas (econômicos, nacionais, etc.), tendo como objetivo final a reconstrução de um modelo clássico da sociedade onde reinem a justiça, a ordem e a paz ente os homens.

Desde uma perspectiva iniciática "Política" significa RESTAURAR.

A Coluna Scientia baseia-se no conhecimento científico das leis universais (não somente físicas, mas também metafísicas) e tem como ponto de partida uma nova Ciência, verdadeiramente útil ao desenvolvimento da consciência e absolutamente compatível com a vida espiritual. O físico Albert Einstein o declara abertamente: *"A Ciência sem Religião está coxa; e a Religião sem Ciência, cega"*.

Ainda que nossa Ciência contaminada do positivismo seja hostil a qualquer intento de demonstrar as leis e princípios espirituais, paulatinamente apareceram cientistas pioneiros que tem reagido às posturas ateias dos últimos séculos, propondo atrevidas teorias que servem de ponte entre ciência e a espiritualidade. Sendo assim, cremos que no século XXI avançar-se-á no redescobrimento dos princípios transcendentes que conheciam os cientistas da antiguidade e que hoje são ignorados totalmente pelos cientistas materialistas.

Desde uma perspectiva iniciática, "Ciência" significa REDESCOBRIR.

A coluna Ars alude a um conhecimento superior através da beleza, a concretização criativa dos arquétipos e da natureza da Alma espiritual, que se manifesta em oposição à arte profana, fundamentada nas baixas emoções e no caos da mente de desejos. O divino Platão manifestava que a contemplação do belo põe-nos em contato com nossa beleza interior, a qual está ligada a nossa chispa divina, ou seja, nossa natureza transcendente. Por esta razão a arte sagrada (2) fundamenta-se na representação física de conceitos metafísicos vinculados ao bom, ao verdadeiro, ao justo, instando-nos a ser melhores e ajudando-nos a despertar a consciência.

Desde uma perspectiva iniciática, "Arte" significa CONTEMPLAR ("olhar longe" ou "ver além").

O problema principal da Ciência, da Arte, da Religião e da Política em sua representação moderna radica em seu profundo desconhecimento da natureza humana. Enquanto que o cientista materialista pretende convencer-nos de que somos uma espécie de máquina orgânica que se move por impulsos eletroquímicos, o religioso costuma perder-se em teorias, argumentações incoerentes e discussões teológicas estéries que nada contribuem ao desenvolvimento interno e ao trabalho cotidiano no "aqui e agora". Por sua vez, enquanto o artista ignorar sua função de "pontífice da beleza", ou seja, uma "ponte" entre a harmonia universal e a consciência humana, sua arte continuará sendo insignificante. Do mesmo modo, o político que não tenha em mente a constituição de uma sociedade nova e arquetípica, baseada em valores éticos atemporais e ensinamentos tradicionais, em torno da Justiça, terá de se contentar com seguir mantendo um sistema cada vez mais insustentável.

Deste modo, antes de entrar no Templo da Pansofia, deves entender que se pode alcançar a transcendência através de múltiplas vias, sempre e quando possamos conectar-nos conscientemente com a essência de cada uma delas, atentando às concepções tradicionais de Ciência, de Arte, de Religião e de Política, e não às versões deterioradas que conhecemos as que –lamentavelmente– nos acostumamos.

De certa forma, a Ciência, a Arte, a Religião e a Política são uma síntese de muitas outra disciplinas que concernem ao ser humano e, então, desde uma perspectiva tradicional qualquer delas pode ser veículo de consciência, o que também pode aplicar-se ao mais humilde dos ofícios. Um mundo novo e melhor necessita de seres humanos novos e melhores em todos os âmbitos que pratiquem –desde a consciência– ofícios e profissões acordes a essa nova sociedade.

Tendo em conta estas ideias preliminares, que formam parte de ensinamentos capitais da Filosofia Perene, podes lançar um último olhar ao vestíbulo deste Templo sagrado e, quando estejas pronto, ascender os nove degraus que te separam da sala preliminar.

Resumo do umbral

* A Verdade e a autorrealização individual podem ser alcançadas por diferentes caminhos, cada um deles adequado aos diferentes tipos de homens.

* A Ciência, a Arte, a Política e a Religião são um resumo das múltiplas vias de desenvolvimento humano.

* Devemos interpretar a Ciência, a Arte, a Religião e a Política de acordo às pautas tradicionais e com um objetivo comum, deixando de lado versões deterioradas contemporâneas.

A Sala Preliminar

(Primero aposento)

"Se o grão de trigo cai na terra e morre, fica só. Mas, se morre, produz muito fruto". (João 12:24)

Ao subir o último degrau da escada do vestíbulo, deverás ter em conta que estás a ponto de dar o primeiro passo, talvez o mais importante, o primeiro de muitos nesta senda

fascinante da Sabedoria Primordial, repleta de desafios e aventuras. Ao abrir a pesada porta de dobradiças estridentes, entrarás em um aposento obscuro e úmido, iluminado debilmente por uma única vela, onde poderás observar uma impactante lousa acinzentada com a inscrição gravada: *"Alea jacta Est"* ("A sorte está lançada"), um convite a que reflitas sobre o importante passo que te atreveste a dar. Na placa também aparece desenhado um corvo negro e uma caveira, que certamente não destoam com o ambiente lúgubre deste lugar. Nele, tudo nos recorda que uma parte de nós tem que ser sacrificada e morrer, para que em nosso interior nasça algo melhor. Para que a planta nasça e cresça, deve morrer a semente.

Se deste o primeiro passo, motivado por simples curiosidade ou afã por conhecimentos exóticos, talvez seja melhor que voltes atrás, porque o caminho iniciático não é para os tíbios, nem para aqueles que buscam incorporar elementos fantasiosos a uma vida monótona e sem desafios. Esta senda de aperfeiçoamento tampouco é um passatempo nem uma moda, pois implica uma mudança radical de tua vida, a aniquilação do velho "eu" para que nasça um novo ser. Resumindo: para avançar, deves estar seriamente disposto a mudar tua existência, ter pureza de intenções e comprometer-te seriamente contigo mesmo.

O primeiro passo para começar a transitar o sendeiro da Pansofia consiste em tomar consciência de nossa situação atual, de nosso distanciamento da essência divina e de nossa necessidade de encontrar um conhecimento filosófico vivencial, que dê respostas às nossas perguntas, outorgando-nos ferramentas poderosas para trabalhar interiormente. Isto significa que —neste primeiro aposento— devemos dar-nos conta de que a sociedade dessacralizada costuma arrastar-nos a uma situação insustentável, fazendo-nos esquecer de nossa verdadeira natureza, pelo que se faz imperiosamente necessário encontrar um método de treinamento interior confiável, que nos libere desta ilusão e que revolucione nossa consciência.

Os homens que chegam a este ponto crucial do sendeiro e desejam mudar, geralmente adotam uma destas três posturas:

a) O valente: é aquele indivíduo que decide –sem vacilar– dar uma mudança radical em sua existência, analisando e modificando seus comportamentos viciosos para poder transitar à autorrealização.

Esta opção implica muito sacrifício, dedicação e trabalho, mas com um método gradual e ordenado, inspirado nos ensinamentos primordiais, o êxito está assegurado.

b) O covarde: é aquele indivíduo que –mesmo sabendo que deve mudar– não move um dedo para sair de sua triste situação. Os covardes e timoratos que anelam "mudar sem mudar", querem obter resultados diferentes fazendo o mesmo de sempre, e vão passando de organização em organização, de igreja em igreja, de seita a seita, sem praticar nem interiorizar nenhum dos ensinamentos que se lhes dá.

Muitas vezes, estas pessoas –convencidas da validade do Sendeiro Iniciático mas sem força de vontade para trilhá-lo– baixam os braços e se resignam a continuar vivendo da mesma maneira de sempre, ainda que adotando uma "postura espiritualista", enchendo sua casa de objetos "místicos", praticando alguns exercícios isolados sem uma metodologia apropriada e inclusive, usando palavras exóticas, conformando deste modo uma espécie de "máscara espiritual" que –ao carecer de uma base sólida– desfaz-se com muita facilidade. O covarde tem um grande problema: não tem a constância necessária para passar da teoria à prática.

c) O indiferente: é aquele indivíduo que sabe que deve modificar profundamente sua vida, mas que –perante dificuldades do sendeiro– prefere optar pela comodidade burguesa que lhe oferece a sociedade de consumo. Entre a aventura e o sofá, o indiferente elege o conforto do sofá.

Em ocasiões, estas pessoas vão a conferências, cursos e aulas sobre temas espirituais, mas quando chega o momento de comprometer-se, retornam às suas casas, pegam o controle remoto da televisão e se esquecem do tema.

O indiferente não só não tem constância e vontade para passar da teoria à prática, mas que engana a si mesmo, crendo que somente a leitura de livros esotéricos e espirituais pode ajudá-lo magicamente a avançar no sendeiro. Deste modo, o indiferente pode saber muitíssimo sobre filosofia esotérica e converter-se em um "erudito", mas sua vida não tem diferença significativa em relação ao homem profano que ignora tudo.

> *O futuro tem muitos nomes:*
>
> *Para o débil é o inalcançável.*
>
> *Para o medroso, o desconhecido.*
>
> *Para o valente, a oportunidade.*
>
> *(Victor Hugo)*

Digamo-lo claramente: a mudança de vida que propõe a Filosofia Perene é "radical" (do latim radix, "ir à raiz") e por isso os Mestres sempre insistiram em que o caminho não é para os tíbios. "Abandona tua vida se queres viver", diziam os antigos tibetanos e isso justamente o que significa este primeiro passo: Morrer.

Assim, pois, modificar desde a raiz a nossa existência implica matar o "homem velho" (palaios anthropos) para que nasça o "homem novo" (neos anthropos) em consonância com o antigo chamado bíblico: *"Despojai-vos do homem velho, que está viciado conforme as concupiscências enganosas (...) e revesti-vos do homem novo"*. (Efésios 4:24-22)

Esta morte mística está demarcada por uma "conversão" ou "ruptura de nível" (tal como chama Mircea Eliade), uma ruptura com a vida ordinária e profana para ingressar numa nova existência regida por princípios transcendentes e por uma comunhão íntima com a divindade. Esta ruptura às vezes chamada "metanoia" (meta, "além" e nóia, "pensamento") e alude a um salto qualitativo em nossa forma de ser. A metanoia é um "marco" em nossa vida, por isso deve ser radical, um ponto de reflexão, pois a partir desse momento nossa forma de observar e interpretar o mundo não seguirá sendo a de antes.

Esta ruptura necessariamente tem também como consequência uma modificação de nossos hábitos e uma transformação de nossa conduta, o que significa que perante os mesmos estímulos externos nossa reação deverá ser diferente. Obviamente, esta "metanoia" ou ruptura é simplesmente um primeiro passo já que para poder atuar com total coerência com estes ideais elevados, deveremos realizar um árduo trabalho de purificação interna, como veremos adiante.

"Metanoia" não significa reformar ou fazer pequenos ajustes, nem tampouco arrepender-nos (3), mas revolucionar nossa existência e tornarmo-nos mais conscientes.

Este abandono do mundo não implica, necessariamente, isolar-se da sociedade mas adotar uma nova perspectiva, o qual se traduz em um dos primeiros desafios do neófito: IMITAR AS SALAMANDAS, esses seres elementais lendários que conseguiam viver no fogo sem ser afetados pelas chamas.

É muito possível que os aspirantes sejam arrastados várias vezes por suas velhas amizades e a seus velhos vícios, mas se isto segue ocorrendo durante muitos anos de forma reiterada, seria bom perguntar-se seriamente se há uma disposição real a mudar ou se –pelo contrário– elegeu inconscientemente a postura cômoda e sem compromissos do covarde, aquele que carece de constância e vontade necessária para avançar a passos firmes pelo grande sendeiro.

Resumo da Sala Preliminar

* Uma mudança autêntica e consciente implica em sacrifício. Para que a planta nasça e cresça, deve morrer a semente.

* Para que nasça o "homem novo" ("neos anthropos") deve morrer o "homem velho" ("palaios anthropos").

* A mudança de vida que propõe a Filosofia Perene é "radical", uma verdadeira revolução de nossa existência e uma ruptura com nosso estilo de vida anterior.

* O Sendeiro Iniciático não implica isolamento nem abandono da sociedade. Por isso se pede ao neófito que seja "como as salamandras", ou seja, que viva no fogo sem queimar-se.

Começa a viver teus ideais

Epicteto

Chegou o momento de que leves a sério viver teus ideais. Uma vez que tenhas determinado os princípios espirituais que queres seguir, acata essas regras como se fossem leis, como se de fato fosse pecaminoso não cumpri-las.

Não deve importar-te que os demais não compartilhem tuas convicções. Quanto mais tempo vais ser capaz de adiar o que realmente queres ser? Teu eu mais nobre não pode seguir esperando.

Põe em prática teus princípios, agora. Basta de desculpas e dilações. Esta é tua vida! Já não és criança. Quanto antes empreendas teu programa espiritual, mais feliz serás. Quanto mais esperares, mais vulnerável serás perante a mediocridade e te sentirás cheio de vergonha e arrependimento, porque sabes que és capaz de mais.

A partir de agora, promete que deixarás de enganar-te a ti mesmo. Separa-te da multidão. Decide ser extraordinário e faz o que tenhas que fazer. Agora. (4)

Conto: Os pocinhos e o poço

Há muitas classes de promiscuidade e uma delas é a espiritual. Era um discípulo que sempre estava experimentado com umas e outras vias de liberação, com umas e outras técnicas de evolução espiritual. Assim levava anos: tateando e tateando. O mestre já lhe havia dito:

–Necessitarias cem vidas para provar todas as vias e métodos e técnicas. Seleciona um pouco mais e aprofunda.

Mas cedia a sua tendência promíscua de mudar de sistema espiritual, de doutrina e de método. Quiçá ninguém conhecia tantos métodos como ele, mas sua mente apenas se havia modificado. Um dia, ele mesmo se deu conta de que não havia evoluído praticamente nada. Lamentou-se ante o mestre:

–Estou triste. Quão pouco avancei!

Então o mestre sentiu que pela primeira vez podia remover seus fossilizados parâmetros mentais e lhe disse:

–Amigo meu, foste um néscio. Agora posso te dizer, porque parece que começas a entender porque não compreendias. Sabes como procedeste? Como a pessoa que quer encontrar água e começa a fazer pocinhos e mais pocinhos, mas de tão escassa profundidade que não pode encontrar água. Porém, se esse esforço tivesse sido feito em fazer um só poço, haverias achado muita água. Vejamos agora se te corriges e fazes um poço que valha a pena. (5)

A Sala do Sonho

(Segundo aposento)

"Nosso grau ordinário de consciência é algo comparável a um estado de sonho, e toda nossa vida, toda nossa carreira, profissão, todas as nossas ações, pensamentos etc., são como sonhos. Vivemos em uma espécie de sonho do qual não é possível despertar. E, é preciso que advirtamos novamente neste ponto, o despertar deste sonho está conectado a outro sentido do tempo". (Maurice Nicoll)

"A vida é sonho"

Após abandonar a sala preliminar, encontrarás um largo corredor que te conduzirá até uma porta de madeira rústica. Ao abri-la, aparecerá perante teus olhos a Sala do Sonho, iluminada tenuemente por nove velas distribuídas em três candelabros de três braços. No centro do quarto destaca-se uma cama que te convida ao descanso e junto a ela, um grande espelho que mostra nossa imagem deformada. Em uma das paredes, uma lousa simbólica destaca a máxima latina: *"Vitae Somno Est"* ("A Vida é Sonho").

A vida é sonho! Sob a sugestiva placa onde está desenhado um galo em uma escada de cinco degraus, encontrarás um velho pergaminho onde se reproduziram os versos imortais de Calderón de La Barca:

> *Eu sonho que estou aqui,*
> *Destas prisões carregado;*
> *E sonhei que em outro estado*
> *Mas lisonjeiro me vi.*
> *Que é a vida? Um frenesi.*
> *Que é a vida? Uma ilusão,*
> *Uma sombra, uma ficção,*
> *E um maior bem é pequeno;*
> *Que toda a vida é sonho,*
> *E os sonhos, sonhos são.*

A Filosofia Perene repete uma e outra vez que os homens estão adormecidos ou –melhor dito– que sua consciência está profundamente adormecida e por isso não pode descobrir a realidade. O primeiro ponto a ter em conta sobre esta "realidade" é conhecer a forma que temos os seres humanos para conhecê-la e interpretá-la.

O processo de recepção das impressões externas se chama "sensação", e consiste em detectar estímulos do meio ambiente para codificá-los em sinais do tipo nervoso que chegam ao cérebro, o qual atua como ponte entre o corpo físico e os veículos sutis.

A sensação procede dos órgãos de nossos cinco sentidos, os quais detectam diferentes tipos de estímulos. A seleção, organização e interpretação dessas sensações em base à experiência e as recordações se chama "percepção".

Todavia, os sentidos não são uma fonte totalmente fiável de conhecimento, já que estes são limitados e não captam uma enorme gama de cores, sabores e sons que podem captar outros seres vivos. A serpente cascavel –por exemplo– pode "ver calor" infravermelho na obscuridade e também é conhecida a capacidade dos cães para escutar sons inaudíveis aos nossos ouvidos.

Que quer dizer isto? Que a percepção não é a realidade, mas uma conclusão a que chegamos atentando a nossos órgãos sensoriais. Deste modo, uma mente "ingênua" pode chegar a crer que as sensações que recebe através de seus órgãos são a única realidade, o qual é uma ilusão e uma falácia que os materialistas empenham-se em perpetuar. A isto se refere a Sabedoria Arcaica quando fala do "mundo da ilusão".

Nas palavras de Plutarco: *"Nossos sentidos, que ignoram a Realidade, dizem-nos falsamente que o que parece ser, é"*. (6)

Como advertimos, a principal função da mente é interpretar as sensações provenientes do meio circundante e convertê-las em percepções, as quais são combinadas e armazenadas em nossa memória. Deste modo, a memória nos ajuda identificar objetos e circunstâncias, as quais tingidas pelo desejo se convertem em "desejáveis" (atração), "indispensáveis" (repulsão) ou "neutras".

A confusão entre a realidade e a ilusão foi relatada por Platão faz milhares de anos em sua importante obra "A República" na qual nos apresenta a alegoria da caverna:

"Imagine umas pessoas que habitam numa caverna subterrânea. Estão sentadas de costas para a entrada, atadas pelos pés e pelas mãos, de modo que só podem olhar para a parede da caverna. Detrás delas, há um muro alto, e por detrás do muro caminham uns seres que se assemelham às pessoas.

"Levam diversas figuras sobre a borda do muro. Detrás destas figuras, arde uma fogueira, pelo que desenham-se sombras flamejantes contra a parede da caverna. Unicamente podem ver esses habitantes da caverna é, portanto, esse 'teatro de sombras'.

"Estiveram sentados na mesma postura desde que nasceram, e creem por isso, que as sombras são a única realidade que existe.

"Imagine agora que um dos habitantes da caverna começa a perguntar-se de onde vem todas essas sombras da parede da caverna e, por conseguinte, consegue soltar-se. Que crês que ocorre quando se volta às figuras que são sustentadas por detrás do muro?

Evidentemente, o primeiro que ocorrerá é que a fonte de luz lhe cegará. Também lhe cegarão as figuras nítidas, já que, até esse momento, só havia visto as sombras das mesmas. Se conseguisse atravessar o muro e o fogo, e sair à natureza, fora da caverna, a luz lhe cegaria ainda mais. Mas, depois de haver-se adaptado os olhos, haver-se-ia dado conta da beleza de tudo. Pela primeira vez, veria cores e silhuetas nítidas, veria verdadeiros animais e flores, dos quais as figuras da caverna só eram más cópias. Porém, também se perguntaria a si mesmo de onde vêm todos os animais e as flores.

Então veria o sol no céu, e compreenderia que é o sol o que dá a vida às flores e animais da natureza, da mesma maneira que poderia ver as sombras na caverna graças à fogueira.

Agora, o feliz morador da caverna poderia ter ido correndo à natureza, celebrando sua liberdade recém-conquistada. Mas, recorda-se dos que ficam abaixo, na caverna. Por isso volta a descer. De novo em baixo, tenta convencer aos demais moradores da caverna que as imagens da parede são só cópias cintilantes das coisas reais. Mas ninguém lhe acredita. Apontam para a parede da caverna dizendo que o que ali veem é tudo o que há". (7)

Esta história (que tem seu equivalente cinematográfico em "Matrix") é afim à afirmação dos Mestres de Sabedoria que asseguram que a maioria dos seres humanos –ainda crendo que estejam despertos– vivem suas vidas em um estado que se assemelha ao sonho. Mas, que é o que está adormecido? A consciência. E para despertar dessa letargia cavernícola é necessário –em primeiro lugar– ser conscientes de nossa sonolência. Não obstante, o "despertar" da consciência costuma ter várias etapas, que tem sua correspondência nos diferentes graus ou etapas do Sendeiro Iniciático.

No degrau mais baixo podemos localizar o vulgo profano, ou seja, aquelas pessoas que estão adormecidas e que não lhes interessa que as despertem de seu sonho descartando de todo qualquer pensamento elevado que implique certa transcendência. Os indivíduos que integram o vulgo profano normalmente não são más pessoas, mas vivem na ignorância da inconsciência do sonho. Inclusive podem alcançar certo grau de felicidade ao observarem as sombras nas paredes da caverna, mas esta felicidade é ilusória, fruto da ignorância. Estas pessoas costumam manter-se à margem de qualquer conhecimento espiritual porque seu interesse centra-se em comer, entreter-se, reproduzir-se, trabalhar e descansar. E em nossa sociedade moderna, consumir, consumir e consumir.

Quando um ser humano não se contenta com a superficialidade reinante no mundo e começa a "buscar" respostas a suas perguntas existenciais, converte-se em um "buscador". Mesmo que na maioria das vezes não saiba exatamente o que é que busca, o buscador sente um chamado interno que o impulsiona à ação e a emacipar-se do vulgo profano. Estes indivíduos, ainda que sigam sendo profanos, conseguem sentir uma inquietude que, bem canalizada, pode levá-los diretamente a uma vida superior.

Quando os buscadores encontram "algo" que os satisfaça e que responda a algumas de suas interrogações, deixam de buscar e aderem a um ideal que preenche (ao menos momentaneamente) seu vazio. Muitas vezes, estas pessoas passam a formar parte de uma organização, fraternidade ou sociedade, convertendo-se em "idealistas". Estes ideais não necessariamente são de natureza espiritual, mas de toda forma implicam em um avanço com respeito à indiferença da maioria. Alguns idealistas chegam a perceber que –mesmo sendo a atividade que desenvolvem seja benéfica para eles e para outras pessoas– tem que existir "algo mais" que ainda não encontraram e –cedo ou tarde– tornam a sentir uma necessidade de seguir buscando para preencher essa necessidade interna. Como norma geral, uma necessidade de seguir buscando para preencher essa necessidade interna. Como norma geral, a maior parte das atividades dos idealistas estão voltadas "para fora", mas quando estes descobrem que o sendeiro à verdadeira felicidade é "para dentro" passam a converter-se em verdadeiros aspirantes ou neófitos através de uma escola, ordem ou simplesmente em comunhão com se Eu interno.

Os aspirantes são aquelas pessoas que se encontram no início do caminho, no pronaos do Templo, e que recebem as primeiras impressões sobre a senda espiritual. Mesmo sendo conscientes de que o caminho lhes trará muitas satisfações, também sabem que deverão renunciar a muitas coisas efêmeras que dão uma ilusória satisfação em seu cotidiano mundano.

Quando os aspirantes decidem-se finalmente a dar o primeiro passo e avançar com segurança no Sendeiro, devem passar por um período de prova chamado "provacionismo". Os provacionistas encontram-se a meio caminho entre o aspirantado e o discipulado. Estão comprometidos com o Sendeiro e iniciaram tarefas de purificação pessoal mediante uma "ascese" que já os diferencia dos profanos.

A "ascese" (no Oriente "sádhana") é um método progressivo de aperfeiçoamento interno que consta de diversos exercícios introspectivos, assim como provas e desafios pessoais que devem superar antes de alcançar a iluminação.

Ainda que os provacionistas ainda não sejam estritamente "discípulos aceitos" ou "iniciados", de todo modo deverão passar por certas provas "iniciáticas" (físicas, vitais, emocionais, mentais e espirituais) relacionadas simbolicamente com os cinco elementos a fim de se prepararem para o caminho discipular que se transitará mais adiante.

Após passar por cinco iniciações simbólicas (Terra-Água-Ar-Fogo-Éter), que são cinco escalões de purificação interna e que aparecem de uma ou outra forma em todas as escolas esotéricas, os provacionistas transcendem finalmente sua condição e se convertem em "discípulos aceitos", encontrando-se em condições ótimas para alcançar as cinco iniciações maiores. É importante diferenciar as iniciações menores (simbólicas e que estão presentes em diversas ordens e fraternidades tradicionais) das Iniciações Maiores (internas, da Alma espiritual). As primeiras correspondem à "Arte Real" (Mistérios Menores) e as segundas à "Arte Sacerdotal" (Mistérios Maiores), como estudaremos em outros volumes desta coleção.

O caminho iniciático culmina no Adeptado, quando o peregrino espiritual logrou despertar, alcançando a Mestria, simbolizada no Tarot pelo arcano do Eremita, o ancião sábio que guia com seu farol os intrépidos caminhantes que se aventuram a ascender as montanhas.

As religiões e os cultos exotéricos geralmente capacitam a seus membros para o aspirantado e em contadas ocasiões para o provacionismo. As escolas filosóficas e as sociedades espiritualistas, por sua vez, tentam guiar o aspirante ao provacionismo, enquanto que as Escolas de Mistérios Menores propõe um sistema de trabalho iniciático baseado na purificação interna a fim de guiar os provacionistas à porta do discipulado. Por fim, as Escolas de Mistérios Maiores encarregam-se de dar aos discípulos ferramentas necessárias para alcançar o Adeptado.

Resumo da Sala do Sonho

* A sensação consiste em detectar estímulos do meio ambiente para codificá-los em sinais que chegam ao cérebro. A seleção, organização e interpretação dessas sensações chama-se percepção.

* Os sentidos tem limites e não são uma fonte confiável de conhecimento.

* O caminho iniciático tem várias etapas relacionadas com diferentes estados de consciência que vão desde o vulgo profano ao Adeptado.

* A ascese é um método progressivo de aperfeiçoamento interno que consta de diversos exercícios, provas e desafios pessoais.

As coisas que não te correspondem
Epicteto

O progresso espiritual exige-nos dar atenção ao essencial e fazer caso omisso de todo o resto, já que só se trata de trivialidades que não merecem nossa atenção. Ademais, em verdade é bom que nos considerem estúpidos e ingênuos em relação aos os assuntos que não nos correspondem. Não te preocupes com a impressão que causes nos demais. Estão deslumbrados e enganados pelas aparências. Sê fiel a teu objetivo. Assim reforçarás a tua vontade e darás coerência à tua vida.

Abstém-te de tentar granjear a aprovação e a admiração dos demais. Teu caminho vai para cima. Não desejes que te considerem sofisticado, único ou sábio. De fato, deves recear quando os demais te vejam como alguém especial. Põe-te em guarda contra a presunção e a vaidade.

Manter a vontade em harmonia com a verdade e preocupar-se com o que escapa ao próprio controle são ações que se excluem mutuamente. Quando estiveres absorto em uma, descuidarás da outra. (8)

Conto: até quando adormecido?

Era um povoado da Índia próximo de uma rota principal de comerciantes e viajantes. Costumava passar muita gente pela localidade. Mas o povo se havia tornado célebre pelo acontecimento insólito: havia um homem que estava ininterruptamente adormecido mais de um quarto de século. Ninguém conhecia a razão. "Que estranho acontecimento!" As pessoas passavam pelo povoado e sempre se detinha para contemplar o adormecido.

Mas, a que se deve este fenômeno? –perguntavam-se os visitantes. Nas cercanias da localidade vivia um eremita. Era um homem insociável, que passava o dia em profunda contemplação e não queria ser molestado. Porém, havia adquirido a fama de saber ler os pensamentos alheios.

O próprio alcaide foi visitá-lo e lhe pediu que fosse ver o adormecido para ver se lograva saber a causa de tão longo e profundo sono. O eremita era um nobre e, apesar de sua aparente velhice, prestou-se a tratar de colaborar com o esclarecimento do fato. Foi ao povoado e se sentou junto ao adormecido. Concentrou-se profundamente e começou a conduzir sua mente às regiões clarividentes da consciência. Introduziu sua energia mental no cérebro do adormecido e se conectou com ele. Minutos depois, o eremita voltava a seu estado ordinário de consciência. Todo o povoado se havia reunido para escutá-lo. Com voz pausada, explicou:

–Amigos. Cheguei, sim, até a concavidade central do cérebro deste homem que está dormindo há mais de um quarto de século. Também penetrei no tabernáculo de seu coração. Busquei a causa. E, para vossa satisfação, devo dizer-lhes que a encontrei. Este homem sonha continuamente que está desperto e, portanto, não se propõe a despertar. (9)

A Sala do Oriente e do Ocidente

(Terceiro aposento)

"No mundo abundam as distintas religiões, cada uma dirigida a diferentes pessoas e épocas. A palavra 'religião' deriva de um termo latino, cujo significado radical é 're-unir'. Deste modo, as diferentes religiões re-unem, de diversas formas, seus seguidores com a fonte única de vida, como queira que a chamamemos: o Absoluto, Deus, a Realidade Divina, ou nomes similares". (John Algeo)

"Reunir o disperso"

Ao ingressar no seguinte aposento do santuário pansófico, encontrarás uma nova placa de pedra onde se encontra inscrito o antigo axioma Ad dissipata coligenda, isto é: "reunir o disperso". Uma águia bicéfala preside a cena, enquanto que o deus romano Jano mostra suas duas faces, dois aspectos de uma mesma realidade.

Nas culturas primordiais, reunidas em torno ao centro sagrado, toda disciplina, todo ofício, toda a atividade humana se manifestava como uma imitação das condutas divinas. Dito de outro modo, nas sociedades míticas de tempos pretéritos, todos os homens desempenhavam papéis sociais complementares de acordo com suas aptidões, sentindo-se parte de um todo integral harmônico, o qual dava um sentido transcendente às suas vidas. O ser humano, ao distanciar-se progressivamente desse "centro primordial" foi esquecendo-se de sua origem sagrada e se foi enterrando cada vez mais no materialismo, dispersando-se e estabelecendo barreiras que lhe foram distanciando desse núcleo espiritual.

Enquanto a humanidade protagonizava esse distanciamento –que em linguagem judaico-cristã denomina-se "queda"– um conjunto de homens sábios tratou de manter viva a chama da sabedoria tradicional, um conhecimento ancestral e profundo, uma Filosofia Perene e atemporal: uma Pansofia.

Segundo a tradição esotérica, existe uma Doutrina-Mãe, uma ciência sagrada primordial, conhecida também como Brahma Vidya, Gnosis, Filosofia Perene ou Teosofia, que remonta suas origens a estes tempos primordiais imemoriais em que o homem e a mulher estava em comunhão com os deuses. Esta ciência iniciática tradicional, que se apresentou de diferentes maneiras aos seres humanos dependendo do momento histórico e cultural, possui as chaves necessárias para que o homem desperte de sua letargia, tome consciência de seu exílio e descida, de uma vez por todas, regressar ao ponto de origem e "re-integrar-se".

A Doutrina-Mãe reconcilia todas as diferenças aparentes entre as diversas religiões e filosofias, encontrando "A Unidade na Diversidade". Sendo assim, e entendendo que existe uma ciência arcana e primordial, podemos compreender também que os grandes Mestres da humanidade, desde Buddha a Cristo, passando por Krishna, Maomé, Quetzalcoatl, Zoroatro, Orfeu, Shankara, Guru Nanak, Baha'u'llah ou Lao-tsé, foram os mensageiros dos ensinamentos tradicionais da Sabedoria Antiga, adequando-as às diferentes culturas e períodos históricos.

Ao enfrentar-se com uma doutrina espiritual tradicional, o estudante deve considerar que a mesma sempre possui dois aspectos que são inseparáveis e que aparecem como opostos e, por sua vez, complementares. Estes dois aspectos recebem o nome de "exotérico" e "esotérico".

O esotérico é interno, invisível e essencial, enquanto que o exotérico é externo, visível e superficial, por isso se diz que o verdadeiro filósofo sabe ver "além" do evidente, transpassando a barreira ilusória da casca. Se lograrmos educar a aperfeiçoar esta "visão profunda" dos símbolos, das cerimônias e dos ensinamentos, estaremos bebendo diretamente da fonte e compreenderemos a essência e o sentido profundo das mesmas.

O esotérico dá validade e sentido ao exterior e visível. Uma cerimônia religiosa onde o oficiante e os participantes desconhecem o valor interno da mesma poderá ser esteticamente muito vistosa e inclusive emocionante, mas no fundo não deixará de ser uma paródia intranscendente, um espetáculo oco para homens adormecidos.

> *"Se queres o tutano, deves romper a casca"*. (Eckhart)

Enquanto que o exotérico pode mudar dependendo do lugar e do momento, o esotérico permanece imutável. Enquanto que o ensinamento primordial da Filosofia Perene é muito antigo e se mantém sem alterações, a apresentação do mesmo se adapta de variadas formas às diversas culturas e períodos de tempo. Por esta razão, mesmo que os símbolos tenham muitíssimas formas de apresentação, o conteúdo tem a mesma base e sempre nos leva à unidade.

Federico González diz que *"enquanto o exotérico nos mostra o múltiplo e cambiante, o esotérico nos leva ao único e imutável"* (10), enquanto que Fritjof Schuon afirma que *"o esoterismo não vê as coisas tal e como aparecem segundo uma certa perspectiva, mas tal e como são: ele se importa com o que é essencial e, portanto, invariável sob o véu das diversas formulações religiosas, uma vez que toma necessariamente seu ponto de partida em uma determinada formulação"*. (11)

Então, devemos considerar o esoterismo como um a "pedra de toque" que reconcilia os opostos supostamente incompatíveis, semelhante à vara com que Apolo presenteou ao deus Mercúrio (o caduceu), que tinha o maravilhoso poder de por fim a todas as disputas.

Em nossos dias podemos ter acesso, com certa facilidade, a milhares de documentos "esotéricos" e "pseudo-esotéricos", todavia –ainda na sobredose informativa moderna– a Sabedoria Arcaica permanece oculta àqueles que não sabem ver além do evidente e que não são dignos de trilhar o Sendeiro, já que um estilo de vida incompatível com o Sendeiro Iniciático lhes impossibilita de qualquer avanço.

No passado, e desde uma perspectiva eurocêntrica, o mundo costumava ser didivido em tuas metades: Oriente e Ocidente. Enquanto que os romanos saudavam o sol com a clássica expressão *"Ex Oriente Lux"*, iniciando a tradição pela qual "A Luz vem do Oriente", os cristãos primitivos interpretaram esta mesma ideia focalizando-se na origem oriental de Cristo, orientando-se à Jerusalém para rezar. (12)

Esta origem conceitual de duas vertentes do esoterismo: um ocidental e outro oriental, representados por Cristo (o "ungido"), que representa o arquétipo espiritual do Ocidente e por Buddha (o "iluminado"), que simboliza o arquétipo espiritual oriental. Ambos os mestres são a aspiração máxima, o modelo a seguir e –desde uma perspectiva interna– representam o mesmo.

O mesmo conceito é transmitido através do simbolismo, onde se estabelece uma correspondência da rosa e do lótus com o sendeiro crístico e búddhico respectivamente:

O lótus oriental é uma planta que finca suas raízes no lodo, na obscuridade do lago, mas abre caminho e se desenvolve até a luz, ascendendo à superfície da água e abrindo suas formosas pétalas ao sol.

Este processo representa o sendeiro espiritual, ou seja, a pureza que surge dentre a imundície, desde a matéria mais grosseira à luz mais excelsa.

Deste modo, o homem com uma existência material e incorruptível, pode imitar o lótus e elevar-se à transcendência. Nas antigas escrituras da Índia expressava-se esta ideia com a oração: *"Da obscuridade, conduze-me à luz. Da morte, levai-me à imortalidade"*. (13)

A Rosa ocidental também se apresenta como uma alegoria do caminho espiritual, com um talo longo coberto de espinhos (símbolo das dificuldades do sendeiro) até lograr uma magnífica flor vermelha, que abre suas pétalas à luz. Tanto os espinhos como a cor vermelha aludem ao sacrifício e ao sangue, relacionados com o Cristo.

Os aspirantes e discípulos que seguem as sendas de Cristo ou de Buddha são conscientes de que a única forma de alcançar a transcendência é "sintonizando-se" com o arquétipo divino, fazendo-se uno com ele, isto é: fazendo nascer o Mestre em seu próprio coração. Esta sintonia se logra através do trabalho interior, construindo uma ponte simbólica com duas vias complementares de conexão: a Meditação e a Oração.

Enquanto que através da Meditação nós calamos e Deus nos fala, na Oração, pelo contrário, Deus cala e nós falamos.

Certamente, utilizando estas vias podemos entrar em comunicação direta com nosso Mestre, e as duas são efetivas se se realizam de forma consciente e em silêncio. Neste sentido vale a pena esclarecer que "orar" não dignifica "pedir" e que "meditar" não significa "evadir-nos da realidade".

Estas duas vias (a oração e a meditação) são medulares em todas as tradições espirituais e se complementam com uma terceira: o estudo dos textos sagrados. Neste sentido, temos que:

Deus fala-nos mediante a MEDITAÇÃO

Deus escuta-nos mediante a ORAÇÃO

Deus escreve-nos mediante seus TEXTOS SAGRADOS

> *"Se Jesus nascesse mil vezes em Belém, mas não nascer em teu coração, de nada te servirá".* (Angelus Silesius)

Resumo da Sala do Oriente e Ocidente

* Existe uma Doutrina-Mãe que reconcilia todas as diferenças aparentes entre as diversas religiões e filosofias, transmitida de geração em geração por mestres e instrutores.

* Toda doutrina espiritual tradicional possui dois aspectos que são inseparáveis e que aparecem como opostos e, por sua vez, complementares: o "exotérico" e o "esotérico".

* O esotérico é interno, invisível e essencial, enquanto que o exotérico é externo, visível e superficial. O esotérico dá validade e sentido ao exterior e visível.

* A comunicação com nosso Mestre Interno é lograda através de duas vias complementares: a meditação e a oração.

Conto: O Espelho da Deusa

Conta-se que a deusa Vênus tinha um espelho onde se observava e estudava todas as suas características; mas um dia ele caiu de suas mãos e partiu-se em muitos pedaços.

O ruído que o espelho produziu em sua queda chamou a atenção das ninfas da deusa, tomando, cada uma delas, um pedaço do espelho partido. Ao cabo de um tempo, as irmãs serventes de Vênus dispersaram-se pelo mundo, cada qual se vangloriando de possuir o espelho da deusa. Mas um sábio que havia percorrido muitas paragens ficou maravilhado ante a possibilidade de que houvesse tantos espelhos como ninfas da deusa Vênus. E para saber da verdade interrogou a uma delas:

–Diga-me, ninfa encantadora, é verdade que possuis o espelho da deusa Vênus?

–Sim – respondeu-lhe a donzela.

–E quantos espelhos tinha tua senhora? –objetou de novo o sábio altamente surpreendido.

–Um só.

–E, como se explica que sejam muitas as ninfas que se vangloriam de ter o espelho da deusa Vênus?

–Não. O espelho de nossa senhora fez-se em pedaços certo dia ao cair no chão e, nós, desejosas de possuir algo dela, tomamos cada qual um pedaço do espelho partido – respondeu a formosa jovem.

–Assim, pois, o que vós possuís é um pedaço do espelho partido e não um espelho cada uma? Não é?

–Assim é –respondeu a ninfa um tanto envergonhada. Então, o sábio compreendeu o elevado ensinamento que guardava a lenda, pois lhe fez ver a clara verdade das coisas. (14)

A Sala do Autoconhecimento
(Quarto aposento)

"Para ser livre, uma pessoa deve conhecer-se a si mesma. O conhecimento próprio é o princípio da sabedoria; e sem conhecimento próprio não pode haver sabedoria. Pode haver conhecimento, sensação; mas a sensação é tediosa e pesada, enquanto que a sabedoria, que é eterna, nunca decai nem pode ter fim". (Jiddu Krishnamurti)

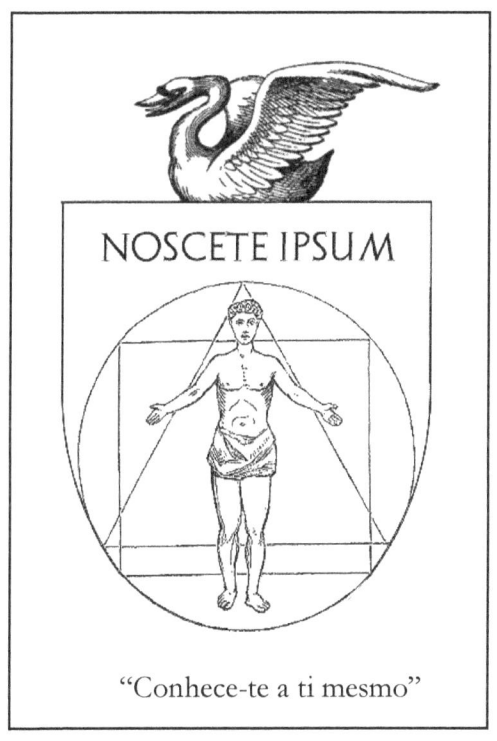

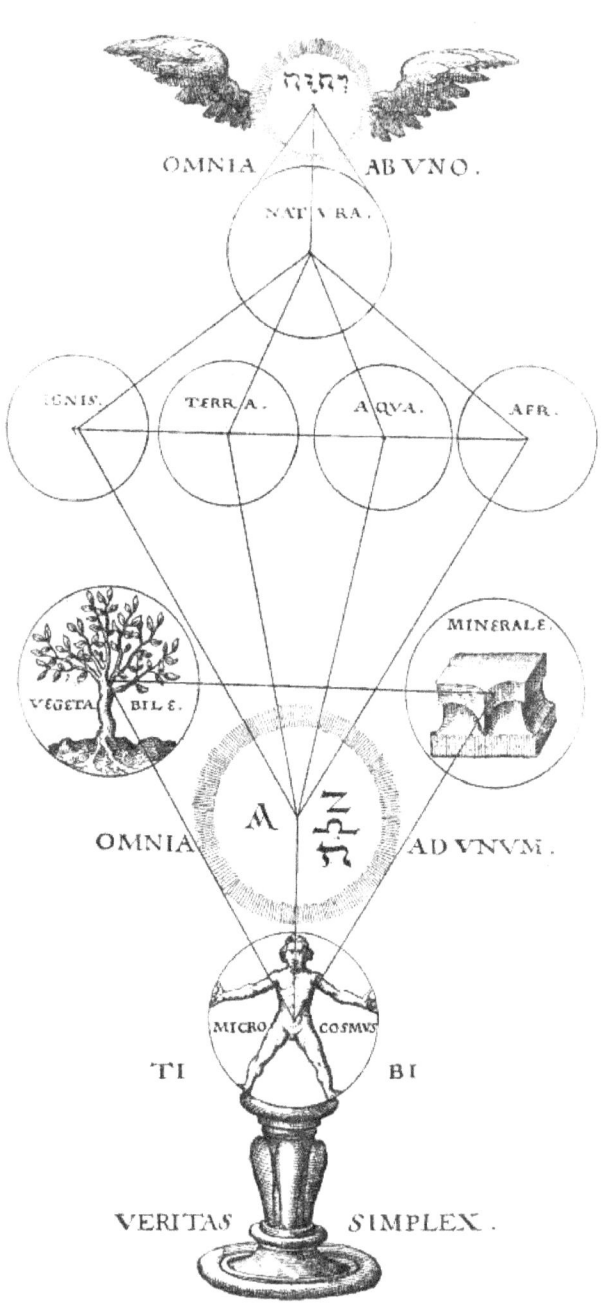

Para ingressar no seguinte aposento, terás que abrir a porta de bronze onde se encontra gravada a frase *"Noscete Ipsum"*, a mesma que podia ser lida no frontispício do Templo de Apolo, em Delfos: "Homem: conhece-te a ti mesmo e conhecerás o Universo e os Deuses".

Dentro deste recinto, encontrarás um enorme espelho que te mostra tal como és, sem os condicionamentos dos sentidos. De um lado encontrarás uma nova lousa gravada onde voltará a aparecer a frase Noscete Ipsum, acompanhada do desenho de um homem com os braços abertos e um cisne branco. Em uma das paredes poderás apreciar um misterioso esquema esotérico intitulado "A árvore da Pansofia", a qual apareceu pela primeira vez em um antigo tratado alquímico-rosacruz do século XVII.

A tradição hermética ensina que o ser humano é um microcosmos feito à imagem e semelhança do Macrocosmo, e esta correspondência é o ponto de partida da Filosofia Perene em seu estudo integral da constituição do ser humano.

Para os materialistas, ou seja, aqueles que negam qualquer tipo de transcendência ou natureza espiritual, o homem não é outra coisa que "carne e ossos", o qual –por meio de complicados processos eletroquímicos– pensa, sente e se move. Esta visão do homem como uma máquina física, produto de uma série de "causalidades" é própria da ciência profana, filha do iluminismo. Desde esta ótica, nada é sagrado e qualquer fenômeno transcendente é considerado produto da imaginação ou uma simples mentira.

Os espiritualistas, por sua vez, consideram o homem como "algo mais" que carne e ossos, e –com esta ideia em mente– tentaram ir além do evidente e entender a constituição essencial do ser humano, identificando os processos e os mecanismos internos que fazem possível sua existência.

A postura mais elementar (se excluirmos as posições materialistas externas) estabelece uma diferença entre "corpo" (corruptível) e uma "Alma espiritual" (imortal), a qual, após a morte passa a outro plano de existência mais sutil. Esta visão –ao estabelecer uma dicotomia entre duas partes– recebe o nome de "dicotomita".

Esta visão similar, ensinada nos evangelhos, considera uma natureza humana tripla, ou seja: Corpo, Mente e Alma espiritual, ou melhor, Corpo, Alma animal e Alma espiritual (Espírito). Esta postura recebe o nome de "tricotomita".

As doutrinas orientais referem-se em ocasiões a uma constituição quinária (exemplo: os koshas da tradição indiana como "envolturas" da chispa divina) e em outras a uma constituição setenária.

Nesta divisão de "sete veículos" aparece em várias co-

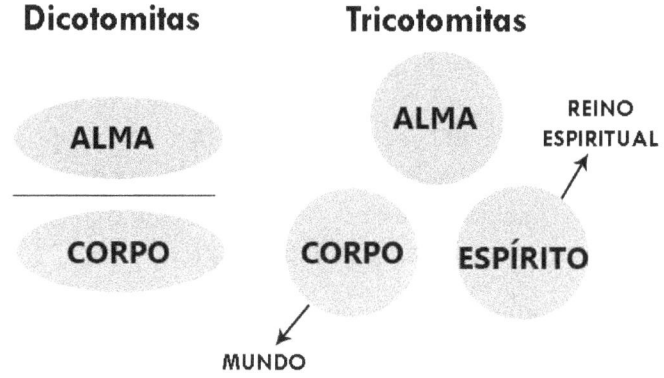

rrentes esotéricas tradicionais e fundamenta este número na matriz harmônica da Natureza que costuma ser concebida de forma setenária (exemplo: as sete notas musicais, as sete cores do arco-íris etc.). Desta maneira, o ser humano como parte integrante da Natureza e interpretado, em si mesmo, como uma unidade harmônica interpreta-se, então, como uma realidade sétupla.

Sendo assim, mesmo os principais divulgadores do sistema setenário aceitam também que o sistema setenário deriva do ternário, ou seja, que a adoção de um ou outro depende de enfoques particulares, pois —em sua essência— o ser humano não é ternário nem setenário, mas um "indivíduo", que etimologicamente deriva do "indiviso", ou seja, uma unidade indivisível que utiliza diferentes veículos para atuar nos diversos planos.

Sendo assim, devemos esclarecer que a adoção de um sistema setenário responde mais que tudo a motivos pedagógicos. Inclusive, ao longo de todos nossos escritos, em mais de uma ocasião sintetizaremos este esquema em cinco partes, em especial ao nos referirmos ao sistema iniciático tradicional inspirado nos cinco elementos (Terra–Água-Ar-Fogo-Éter) que correspondem ao corpo físico, ao corpo vital, ao corpo emocional, à mente de desejos e à Alma espiritual.

Referindo-nos ao clássico esquema setenário, sabemos que as sete "partes" que constituem o Ser Humano são:

1) Corpo étero-físico, com uma parte física (sólidos, líquidos, gasosos) e uma parte etérea (com quatro éteres que regulam algumas funções internas e involuntárias do corpo humano).

2) Corpo prânico ou vital, que é a contraparte do corpo

étero-físico e onde reside a vitalidade do mesmo. Sobre este corpo atuam a maioria dos medicamentos alopáticos e homeopáticos, sendo também o campo de ação de outras disciplinas terapêuticas tradicionais (acupuntura, reiki, digitopuntura etc.). Através do veículo vital, o corpo físico pode viver.

3) Corpo emocional ou astral, que é veículo onde se manifestam as paixões, as emoções e os sentimentos. Com as técnicas avançadas, os praticantes podem separar o corpo astral do físico mediante um "desdobramento" ou "viagem astral".

4) Corpo mental inferior, que tem como função principal a interpretação das sensações provenientes do meio circundante e convertê-las em percepções, as quais são combinadas e armazenadas em nossa memória. Deste modo, a memória ajuda-nos a identificar objetos e circunstâncias, as quais tingidas pelo desejo convertem-se em "desejáveis" (atração), "indesejáveis" (repulsão) ou "neutras".

O "quaternário" (mortal) tem um complemento transcendente também chamado "Eu superior" ou "Tríade" (em algumas ocasiões denominado simplesmente "Alma espiritual"), de natureza imortal e constituída por:

5) Manas (Mente Superior), o canal orgânico para o pensamento abstrato e onde se armazenam os frutos da experiência humana através de múltiplas encarnações.

6) Buddhi (Corpo intuitivo), a inteligência para além do intelecto e da compreensão através da intuição.

7) Atma (Vontade Pura), que é a parte mais elevada de nosso Ser e da mesma natureza do Absoluto, por isso também costuma ser chamado "Deus em nós".

Acepção Moderna	Sânscrito	Tradicional	Elemento	División
Étero-físico	Sthula Sharira	Soma (Corpo)	Terra	Quaternário Inferior
Vital ou prânico	Prana sharira		Água	
Emocional ou Astral	Linga Sharira	Psyché (Alma animal)	Ar	
Mente de desejos	Kama Manas		Fogo	
Mente pura	Manas	Pneuma (Alma espiritual)	Éter	Tríade Superior
Intuitivo ou búddhico	Buddhi			
Vontade ou mônada	Atma			

De acordo com este esquema, existe uma anatomia visível e evidente, semelhantes a outra invisível e imperceptível. Neste "homem invisível" existem uma série de órgãos e centros sutis de natureza energética onde podem ser encontradas as principais causas de nossas enfermidades físicas e psíquicas, assim como de outros fenômenos que se manifestam no organismo físico.

Os sete centros mais importantes da anatomia sutil do ser humano estão dispostos ao longo da coluna vertebral e recebem o nome de chakras ("rodas"), a saber:

Sânscrito	Significado	Nome	Localização.
Muladhara	Fundação	Raiz	Genital-urinário
Swadisthana	Lugar onde mora o Ser	Genital	Raiz dos genitais
Manipura	Cidade das Gemas	Plexo	Plexo solar
Anahata	Não golpeado	Cardíaco	Coração
Vishudda	Puro	Laríngeo	Garganta
Ajna	Autoridade, mando	Sobrancelhas	Sobrancelhas
Sahasrara	Mil pétalas	Coronário	Coroa da cabeça

Os chakras são pontos de conexão ou de enlace pelos quais flui a energia de um a outro veículo do homem. Estes centros sutis podem harmonizar-se, alinhar-se e ativar-se através de diversas técnicas que vão desde a meditação e a acupuntura.

Um chakra pode estar:

a) Bloqueado: quando gira muito lentamente, está detido ou o faz em sentido contrário.

b) Acelerado: quando gira muito rapidamente.

c) Equilibrado: quando gira em velocidade vibratória correta.

Em outros volumes desta coleção estudaremos com atenção estes corpos invisíveis onde se situam os chakras e os canais sutis (nadis) por onde flui a energia vital (prâna) assim como a energia serpentina conhecida como Kundalinî.

Resumo da Sala do Autoconhecimento

* A tradição esotérica ensina que o ser humano é um microcosmos feito à imagem e semelhança do Macrocosmos.

* A constituição setenária do ser humano está em consonância com os ensinamentos esotéricos tradicionais e fala de um "quaternário inferior" composto de: corpo físico, corpo vital, corpo emocional e mente de desejos, e uma "tríade superior" composto pela mente superior (Manas), o corpo intuitivo (Buddhi) e a vontade pura (Atma).

* Nestes nossos corpos invisíveis existem uma série de órgãos e centros sutis da natureza energética conhecidos como chakras.

O exemplo da carruagem

A tradição oriental compara a constituição do homem com uma carruagem. Nesta analogia, o corpo étero-físico é o carro e os cavalos são os cinco sentidos. Quando o condutor é Buddhi (a intuição ou verdadeira inteligência) o carro está bem dirigido, usando a rédea de Manas (a mente superior), que logra controlar os corcéis e usando o látego da vontade. No carro viaja comodamente Atma, a divindade que reside em nós. Com Buddhi como condutor da carruagem logrará ir pelo caminho preciso, avançando sem contratempos pela senda do Dharma.

Lamentavelmente, na maioria das vezes dois condutores imprudentes (o corpo emocional e a mente inferior, Kama-manas) conseguem tomar o controle do carro, atando as mãos de Buddhi e manejando bruscamente por caminhos pouco seguros. O efetivo látego da vontade é deixado de lado e substituído pelo látego do desejo. E assim, açoitados pelo insaciável desejo, os cavalos facilmente descontrolam-se e se corre o risco de protagonizar um lamentável acidente.

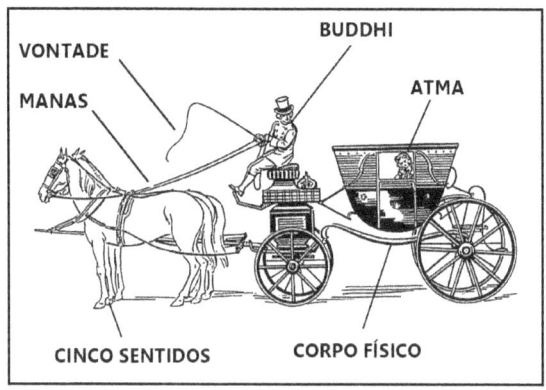

Conto: Quem és?

Uma mulher estava agonizando. Prontamente, teve uma sensação de que era levada ao céu e apresentada perante um Tribunal.

–Quem és? - disse uma Voz.

–Sou a mulher do alcaide. - respondeu ela.

–Perguntei-te quem és, não com quem estás casada.

–Sou a mãe de quatro filhos.

–Eu te perguntei quem és, não quantos filhos tens.

–Sou uma professora de escola.

–Eu te perguntei quem és, não qual é tua profissão.

E assim sucessivamente. Respondesse o que respondesse, não parecia poder dar uma resposta satisfatória à pergunta: "Quem és?"

–Sou uma cristã.

–Eu te perguntei quem és, não qual é a tua religião.

–Sou uma pessoa que ia todos os dias à igreja e ajudava aos pobres e necessitados.

–Eu te perguntei quem és, não o que fazias.

Evidentemente, não conseguiu passar no teste, por isso foi enviada novamente à terra.

Quando se recuperou de sua enfermidade, tomou uma

determinação de averiguar quem era. E tudo foi diferente.

Tua obrigação é ser. Não ser um personagem nem ser um "Zé Ninguém" –porque aí há muito de cobiça e ambição– nem, ser isto ou aquilo –porque isto condiciona muito– mas, simplesmente ser. (15)

A Sala dos Quatro Elementos

(Quinto aposento)

"Aquela teoria que não encontrar aplicação prática na vida, é uma acrobacia do pensamento". (Swami Vivekananda)

Após atravessar um jardim interior decorado com belos arbustos, flores frondosas e fontes decoradas com motivos mítico-herméticos, deverás subir uma antiga escadaria de mármore de quatro degraus onde estão gravados os símbolos alquímicos dos quatro elementos, a qual te conduzirá a uma porta de carvalho onde se talhou uma estrela de seis pontas. Ao empurrar a pesada porta, poderás seguir passo a um pequeno quarto onde encontrarás a seguinte lousa alegórica. A mesma tem gravada a seguinte inscrição: Pedes in terra ad sidera visus, que quer dizer "Os pés na terra, o olhar no céu". Em seguida compreenderás a necessidade imperiosa de ter em conta esta máxima para poder avançar no Sendeiro.

Lamentavelmente, muitos espiritualistas, seguidores de correntes "new age" ou "conectores" preferem viver em um mundo de fantasia, empenhando-se em seguir um caminho que não leva a lugar algum, antes de adotar e levar à prática um estilo de vida que revolucione a consciência, baseado nos ensinamentos atemporais dos grandes Mestres e não nas elucubrações fantásticas dos autores de moda. Estas doutrinas "light", surgidas principalmente no século passado, muitas vezes não passam de uma simples droga, muito útil para evadir-nos de uma existência insatisfatória, mas totalmente ineficaz para alcançar a transcendência.

Certamente, "nem tudo o que reluz é ouro" e nem todos os expositores que falam acerca dos Mestres, de realidades transcendentes e de um caminho espiritual estão falando a mesma linguagem da Tradição Primordial. Muitos destes ensinamentos e "novas revelações" costumam ser um desvio do tronco original, um caminho fácil e ilusório que promete grandes poderes e revelações quase sem esforço.

O mesmo pode dizer-se dos livros. Um bom discípulo selecionará cuidadosamente suas leituras, preferindo os clássicos e as obras monumentais da tradição sagrada, tanto do Oriente como do Ocidente, e descartando as obras baratas de correntes esotéricas de moda. Tendo isto em mente, retornemos à inscrição da lousa: Pedes in terra ad sidera visus. Este axioma exorta-nos a trabalhar aqui e agora, no presente que nos toca viver e com os quatro elementos que temos a mão, deixando de lado as frustrações do passado e as fantasias do futuro. E, justamente, o que temos mais a mão e com o que devemos começar é por nós mesmos. Trabalhar internamente e purificar-nos a fim de despertar a consciência.

Como dissemos antes, os quatro corpos da personalidade constituem o "quaternário inferior" e então, desde uma perspectiva iniciática, o primeiro labor deve centrar-se na purificação sobre estes veículos. Simbolicamente, estes costumam relacionar-se com os quatro elementos da antiguidade e com as etapas da Alquimia, a saber:

Físico	Terra	Nigredo	Negro	Corvo	Caverna
Vital	Água	Albedo	Branco	Cisne	Lago
Emocional	Ar	Citrinitas	Amarelo	Águia	Montanha
Mental	Fogo	Rubedo	Vermelho	Pelicano	Vulcão

A este labor de ordenar e "purificar" estes quatro veículos chama-se de "alinhamento" e consiste em converter cada veículo da personalidade em um instrumento eficaz às ordens do Eu Superior.

Deste modo, "alinhando" corretamente os quatro veículos, poderemos avançar diretamente à porta da Iniciação que nos conduzirá à reintegração. A modo de comparação, podemos imaginar os veículos do quaternário como quatro cristais sujos que estão sobrepostos e alinhados um sobre o outro. Nossa tarefa consiste em limpá-los um a um, disciplinadamente, até que os raios do Sol (ou seja, "a luz da Alma espiritual") possam transpassá-los e cheguem até nós dando-nos sua luz e calor.

Existem pessoas que trabalham com verdadeira eficácia sobre seu veículo físico: fazem exercício, alimentam-se de forma balanceada, controlam o estresse, respiram corretamente, etc. Entretanto, o domínio deste corpo denso não as faz melhores pessoas porque seu trabalho costuma ser superficial e não integral, do mesmo modo que um homem que desenvolveu grande musculatura em um só braço, mas que mantém suas outras extremidades flácidas e sem treinamento.

Fazendo correspondência dos quatro veículos de nosso "quaternário" com os elementos, podemos considerar pedagogicamente a Tríade Superior como um conjunto (a Alma espiritual) constituindo desta maneira o "quinto elemento" ou "quintessência", o passo final no Sendeiro Iniciático.

Desde um ponto de vista interno, cada degrau corresponde a um diferente estado de consciência. Isto significa que com cada passo que damos no sendeiro interior tornamo-nos mais e mais conscientes. Mas conscientes de quê? Em primeiro lugar, devemos advertir que a consciência implica compreensão, isto é uma compreensão íntima de quem somos, aonde vamos, qual é a nossa natureza e qual é a nossa missão nesta vida. Sendo assim, um indivíduo consciente está "desperto" pois compreende a realidade da natureza divina, sua missão com os demais seres e seu propósito na vida, em síntese: o ser humano consciente conhece-se a si mesmo.

No lado oposto temos o homem adormecido, que vive uma existência superficial, sem saber de onde vem e aonde vai, cacarejando acerca de uma liberdade e uma felicidade que nunca entenderá plenamente. Entre o sonho extremo e a vigília absoluta existem muitos estados de consciência que citamos anteriormente ao referir-nos aos graus do Sendeiro Iniciático.

Pedes in terra ad sidera visus implica trabalhar "no aqui e agora" com eficiência, recordando da frase que a mestra Helena Petrovna Blavatsky repetia uma e outra vez a seus discípulos: *"Honrai as verdades com a prática".*

Esta valiosa advertência está presente em todos os ensinamentos filosófico-iniciáticos que sempre antepõe a prática à teoria. Há muitíssimos estudantes curiosos que se dedicam a ler diversos textos de filosofia esotérica, chegando a conhecer de memória todas as diferentes doutrinas do Oriente e Ocidente, mas lamentavelmente mui poucos estão dispostos a atuar segundo o aprendido e passar da teoria à prática.

Em verdade, é absolutamente certo que –se bem que a leitura possa "abrir os olhos" e ajudar-nos a descobrir o caminho espiritual– é impossível alcançar a iluminação ou iniciar-se assimilando informação. Por esta razão, é indispensável atuar segundo o aprendido através da ação, do autoconhecimento e do serviço.

Os velhos alquimistas diziam: *"Ora, lege, lege, relege; labora et invenies"* ("Ora, lê, lê, lê e relê; trabalha e encontra"), fazendo referência a uma frase que encontraremos em outra Sala: Ora et labora. O convite a "ler, ler, ler e reler" não quer dizer que nos convertamos em ratos de biblioteca, mas que descubramos o sentido oculto das palavras, a verdadeira intenção do autor e sua implicação prática.

Repetiremos uma vez mais: os livros são um meio, não um fim; e o esoterismo "intelectual" não leva a nenhuma parte, e simplesmente serve para encher nossa mente com dados e informação. Tomás de Kempis dizia: *"Quem muito sabe e lê, se não obra segundo o aprendido e sabido, é como se convidado a uma mesa farta e abundante, levanta-se dela vazio e faminto."*.

Os extremos são maus e, neste sentido, aqueles que intentam "praticar, praticar, praticar" qualquer tipo de exercício sem ter em conta que a "ascese" deve ser metódica, gradual e, sobretudo, deve ser coerente, tampouco chegará a lugar algum. A prática não pode consistir em uma mescla caótica de técnicas orientais e ocidentais "a la carta". Adentrar no Sendeiro Iniciático implica uma estratégia, do mesmo modo que um alpinista deve traçar um plano de ataque para escalar uma montanha. A busca de poderes psíquicos e a prática indiscriminada de exercícios exóticos não nos levará de nenhum modo à autorrealização, mas sim a um triste destino onde seguramente encontraremos a outros buscadores fracassados que elegeram desenvolver poderes psíquicos para diferenciar-se dos demais antes de trabalhar seriamente.

Resumo da Sala dos Quatro Elementos

* O estudante que começa a transitar o caminho espiritual deve ter os pés na terra e manter um espírito crítico, fugindo das escolas "new age" de moda.

* A leitura deve ser de ajuda, não um fim em si mesmo. Os ensinamentos antigos sempre antepõe a prática à teoria.

* O primeiro labor deve centrar-se no "alinhamento" dos veículos do quaternário inferior, cada um deles relacionado simbolicamente com uma etapa da alquimia e um elemento da antiguidade.

Conto: O bote de Nasrudin

Às vezes Nasrudin transladava passageiros em seu bote. Um dia, um erudito exigente contratou seus serviços para que o transportasse à margem oposta de um caudaloso rio.

Ao começar a cruzá-lo, o intelectual perguntou-lhe se a viagem seria muito movimentada.

–Não me perguntes nada sobre isso –respondeu-lhe Nasrudin.

–E, nunca aprendeste gramática?

–Não –disse o Mulá.

–Nesse caso, desperdiçaste a metade de tua vida.

O Mulá não respondeu. Em pouco tempo abateu-se uma terrível tormenta e o precário bote de Nasrudin começou a encher-se de água.

Nasrudin inclinou-se até seu acompanhante.

–Aprendeste a alguma vez a nadar?

–Não – respondeu-lhe o pedante.

–Neste caso perdeste TODA tua vida, pois estamos afundando.

A Sala da Lei

(Sexto aposento)

"Devemos conhecer as leis da vida superior se quisermos viver nela. Conhecei-as e vos elevarão à meta; porém se as ignorais, frustrar-vos-ão vossos esforços e nenhum resultado obtereis de vossa obra". (Annie Besant)

Uma escadaria de sete degraus te conduzirá a uma pequena porta onde há uma gravura onde se destacam um bumerangue e uma balança. Ao abri-la, entrarás em uma enorme biblioteca iluminada pelos raios solares que se filtram por uma esplêndida claraboia localizada no teto.

A placa central da sala tem a inscrição *"Dura Lex, Sed Lex"* ("A Lei é dura, mas é Lei") e faz referência às leis que ligam o homem ao Universo, resumidas a princípios do século XX pelos "Três Iniciados" em uma declaração de sete princípios resgatados dos ensinamentos atemporais de Hermes Trismegisto, o três vezes grande:

1. Princípio do Mentalismo
2. Princípio de Correspondência
3. Princípio de Vibração
4. Princípio de Polaridade
5. Princípio de Ritmo
6. Princípio de Causa e Efeito
7. Princípio de Geração

Em grande parte, o êxito em nosso peregrinar espiritual está subordinado ao conhecimento e sua prática cotidiana destes sete princípios herméticos:

1) O Princípio do Mentalismo: *"O Todo é Mente; o universo é mental"*.

O Universo em sua totalidade é uma criação mental do Absoluto, do Uno sem segundo. Dito de outro modo, é a materialização dos pensamentos desse Absoluto, o Brahman dos hindus. O ser humano –como microcosmos desse Ser macrocósmico ("à imagem e semelhança")– possui em potência essa mesma força criadora. Sendo assim, a filosofia primordial afirma que cada pessoa "cria mentalmente" seu entorno e atrai o bom ou o mal a seu redor. Se tivermos um pensamento positivo, nossa realidade será positiva, e do mesmo modo se nosso pensamento é negativo, atrairemos negatividade ao nosso redor.

Esta é –em síntese– a Lei de Atração que, mesmo que tenha sido trivializada pelos documentários da moda, é um dos ensinamentos mais antigos e poderosos da Sabedoria Antiga.

2) O Princípio de Correspondência: *"Como é acima, é em baixo; como é em baixo, é em cima"*.

A relação microcósmica-macrocósmica entre o ser humano e a Divindade fundamenta-se em que o ser humano é uma "chispa divina" (Mônada) emanada dessa Divindade e que –cedo ou tarde– deverá regressar à sua origem e "reintegrar-se".

Deste modo, podemos entender que dentro de cada indivíduo encontra-se representada a totalidade do Cosmos. Este ensinamento, que a simples vista parece simples, é a base fundamental de todo o conhecimento iniciático, já que se "Assim como é em cima é em baixo", conhecendo-nos a nós mesmos poderemos conhecer a Deus e descobrir que somos deuses em estado de crisálida.

3) O Princípio de Vibração: *"Nada está parado; tudo se move; tudo vibra"*.

De acordo com este princípio, não há nada morto no Universo, tudo está vivo e em movimento, em contínua vibração, um conceito filosófico antiquíssimo que foi confirmado pela ciência moderna.

Isto significa que as diferentes manifestações são o resultado de diferentes estados vibratórios. De acordo com o Caibalion: *"Desde o Todo, que é puro espírito, até a mais grosseira forma de matéria, tudo está em vibração: quanto mais alta é esta, tanto mais elevada é sua posição na escala. A vibração do espírito é de uma intensidade infinita; tanto, que praticamente pode considerar-se como se estivesse em repouso, semelhante a uma roda que gira tão rápido que parece que está sem movimento. Em outro extremo da escala há formas de matéria densíssimas, cuja vibração é tão débil que parecem também estar em repouso. Entre ambos os polos há milhões e milhões de graus de intensidade vibratória".* (16)

Os ensinamentos alquímicos referidos à transmutação baseiam-se neste princípio.

4) O Princípio de Polaridade: *"Tudo é duplo, tudo tem dois pólos; tudo tem seu par de opostos: os semelhantes e os antagônicos são o mesmo; os opostos são idênticos em natureza, mas diferentes em grau".*

Toda manifestação no universo é dual, ou seja, tem um polo positivo e um negativo, o qual, no reino humano, se manifesta como masculino e feminino.

Um dos labores fundamentais dos provacionistas e discípulos, é harmonizar os opostos, transcendê-los e encontrar o justo meio para descobrir a Unidade. Os orientais representam perfeitamente este princípio no símbolo arcaico do Yin e Yang.

5) O Princípio do Ritmo: *"Tudo flui reflui; tudo tem*

seus períodos de avanço e retrocesso, tudo ascende e descende; tudo se move como um pêndulo; a medida de seu movimento à direita, é a mesma de seu movimento à esquerda; o ritmo é a compensação".

O ritmo é uma lei essencial da Natureza, a qual pode ser observda sem muitas dificuldades em nossa própria vida. O conhecimento íntimo deste princípio nos levará à compreensão de alguns fenômenos naturais que nos afetam diretamente com a morte e o nascimento, assim como a compreender a necessidade de voltar a encarnar uma e outra vez para aprender as lições necessárias antes de alcançar a reintegração.

6) O Princípio de Causa e Efeito: *"Toda Causa tem seu Efeito, todo Efeito tem sua Causa; tudo acontece de acordo com a Lei; O Acaso é simplesmente um nome dado a uma Lei não reconhecida; há muitos planos de causalidade, porém nada escapa à Lei".*

A pessoa que somos atualmente é produto de uma série de decisões que tomamos no passado, não somente nossas, mas também de nossos pais. Todas as nossas vivências respondem a uma causa. Do ponto de vista metafísico, esta Lei fundamente é conhecida como Karma e não é –como alguns principiantes costumam interpretá-la– um castigo, mas sim uma compensação, uma consequência lógica de nossas decisões. Neste sentido, não existe o acaso nem a casualidade. Todo acontecimento histórico não é fortuito, mas forma parte de uma cadeia de causas e efeitos, tal como podemos comprová-lo se nos dedicarmos a estudar a História desde uma perspectiva mais filosófica.

7) O Princípio de Geração: *"O Gênero está em tudo;*

tudo tem seu princípio masculino e o seu princípio feminino; o gênero se manifesta em todos os planos".

Este princípio está ligado ao de polaridade porque, quando os pólos se unem, geram "um terceiro pólo" que contém das qualidades dos dois primeiros, mas que constitui por sua vez, uma realidade diferente. Do mesmo modo, um homem e uma mulher podem gerar, através da união sexual, um novo ser.

Este princípio existe tanto no plano material com no plano espiritual, pois nenhuma manifestação perfeita pode produzir-se nem estar completa, se não aparecerem estes dois pólos que originam um terceiro.

Mas, porque na lousa simbólica diz que a "Lei é dura"? Na realidade, a lei é dura somente para aqueles que a ignoram. Os que conhecem os princípios com os quais se rege o Universo, podem aproveitá-los conscientemente e avançar no Sendeiro evitando alguns escolhos que parecem instransponíveis aos ignorantes.

Este é um dos primeiros deveres do discípulo: aprender as regras do jogo, entender seu funcionamento, para poder aplicá-las convenientemente em sua vida cotidiana.

"Descobre a vontade da natureza. Estuda-a, presta-lhe atenção e faze-a tua". (Epicteto)

Resumo da Sala da Lei

* Os princípios do universo são sete e foram compendiados na obra magistral intitulada "O Caibalion"

* Para poder avançar espiritualmente devemos conhecer os princípios das leis do Universo a fim de poder aplicá-las convenientemente em nossa vida cotidiana.

A Sala da Vida e da Morte

(Séptimo aposento)

"A morte não é mais que uma mudança de missão".
(Leon Tolstoi)

Após atravessar um corredor com um formoso e cuidado jardim interior, chegarás a uma nova porta deste edifício labiríntico. Ao abri-la, encontrarás um cômodo luminoso decorado com telas brancas em que se destaca uma nova placa com símbolos esotéricos, onde está representada

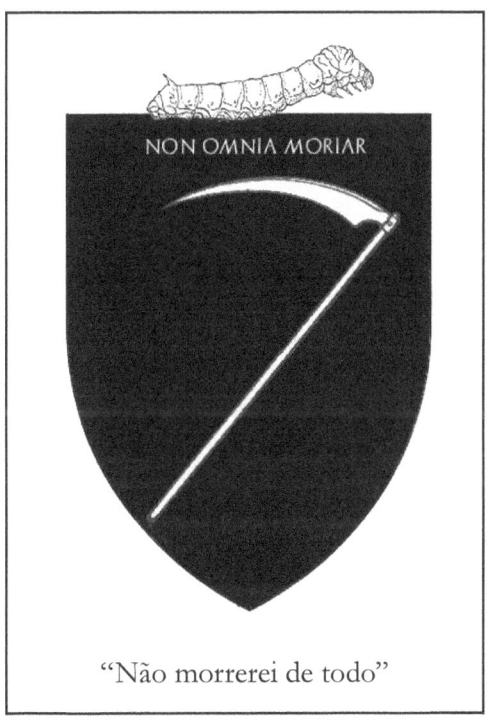

"Não morrerei de todo"

uma foice e uma lagarta de seda, junto ao axioma *"Non omnia moriar"* ("Não morrerei de todo").

Nesse compartimento anterior havíamos falado da morte mística e pudemos entender que existem outros tipos de morte, além do falecimento físico. Sem embargo, na Sala da Vida e da Morte a intenção é bem clara: fazermos refletir sobre o efêmero da vida e a presença permanente do desaparecimento físico.

Ao longo dos séculos, o ser humano tentou resolver o mistério da vida e da morte através de duas posturas filosóficas fundamentais, radicalmente opostas:

a) A concepção MATERIALISTA afirma que a consciência está ligada ao corpo e que se esta morre, o Ser deixa de existir em sua totalidade porque não há nada mais além, nem paraíso, nem reencarnação, mas o nada –a total aniquilação do ser.

Nessa postura, claramente vinculada ao ateísmo e às correntes positivas dos últimos séculos, argumenta-se que não existem os deuses tampouco alguma inteligência superior.

b) A concepção ESPIRITUALISTA sustenta que a consciência é independente do corpo físico e que o ser humano possui uma constituição complexa (veja-se a Sala do Autoconhecimento, pela qual somente uma parte dele desaparece com a morte enquanto que outra (de caráter metafísico) sobrevive e passa a outro estado.

Geralmente os espiritualistas afirmam que existe uma inteligência superior, que regula o processo da vida e da morte através de leis desconhecidas desde uma perspectiva física.

A postura espiritualista, entretanto, pode-se dividir em duas escolas fundamentais:

1) Transcendentalistas da eternidade: são aqueles que afirmam que logo após a morte nossa porção imortal (Alma espiritual) passa a outro estado, onde é julgada e, segundo seus méritos, passa a ser premiada (céu) ou castigada (inferno), e em ocasiões a um "limbo". Outras posturas sustentam a existência de um paraíso celestial e de uma existência eterna em lugar que não é físico.

Algumas escolas cristãs falam da "ressurreição dos mortos", e inclusive o credo católico diz: "Creio na ressurreição dos mortos...", ou seja, que segundo este catecismo, os homens morrem e "os que tenham feito o bem ressuscitarão para a vida, e os que tenham feito o mal, para a condenação".

Sendo assim, esta posição (própria das escolas exotéricas monoteístas) considera que o homem tem UMA SÓ OPORTUNIDADE na Terra e que se a desperdiça será condenado por toda a eternidade.

2) Reencarnacionistas: são aqueles que asseveram que ao mesmo tempo que o corpo material morre, uma porção de nosso ser passa a um estado intermediário em que permanece vários anos, até voltar a "encarnar" em outro corpo, em outro lugar.

Ainda dentro dos reencarnacionistas podemos encontrar visões distintas: o reencarnacionismo evolucionista, que sustenta que o ser humano não pode voltar a encarnar em espécies animais, e o reencarnacionismo transmigratório, que defende que por nossas más ações podemos voltar a encarnarmos em espécies animais.

As escolas de filosofia iniciática são reencarnacionistas evolutivas, pois afirmam que quando se alcançou a individualidade, já não se pode regressar a espécies "inferiores" desde o ponto de vista da consciência.

Se analisarmos as duas posturas espiritualistas principais que consideram a existência de Deus ou de uma Inteligência Suprema, podemos concluir que:

a) Aqueles que creem na existência de uma só vida partem da base de um Deus intransigente e certamente injusto, pois: como se explicaria a morte de uma criança de pouca idade? Como se explicariam as enormes diferenças que fazem que um homem nasça na riqueza e outro na extrema pobreza? Por que um indivíduo tem deformidades e problemas físicos enquanto que outro nasce absolutamente são e forte? Dito de outro modo: que oportunidades teriam essa criança pequena, esse homem que nasce em um entorno hostil e esse outro que apenas pode mover-se para poder "ir ao céu"?

b) O reencarnacionismo sustenta-se em uma inteligência que possui os três atributos platônicos da divindade: Justiça, Beleza e Bondade, uma forma de referir-se a uma "harmonia universal" onde tudo se compensa cedo ou tarde. Deste modo, a criança morta, o deficiente e o pobre se convertem em experiências passageiras da Alma espiritual.

Dito de outro modo e tendo em conta a alegoria espiritual que se refere a que esta vida é uma "escola" a que viemos para aprender, podemos dizer que *"cada vida é um dia na escola e cada vez que voltamos, à Terra, retomamos nossas lições no ponto em que as deixamos antes, ajudados pelo que adiantamos com o estudo em casa, ou seja o estudo nos "céus", que são o lar da Alma. O selvagem*

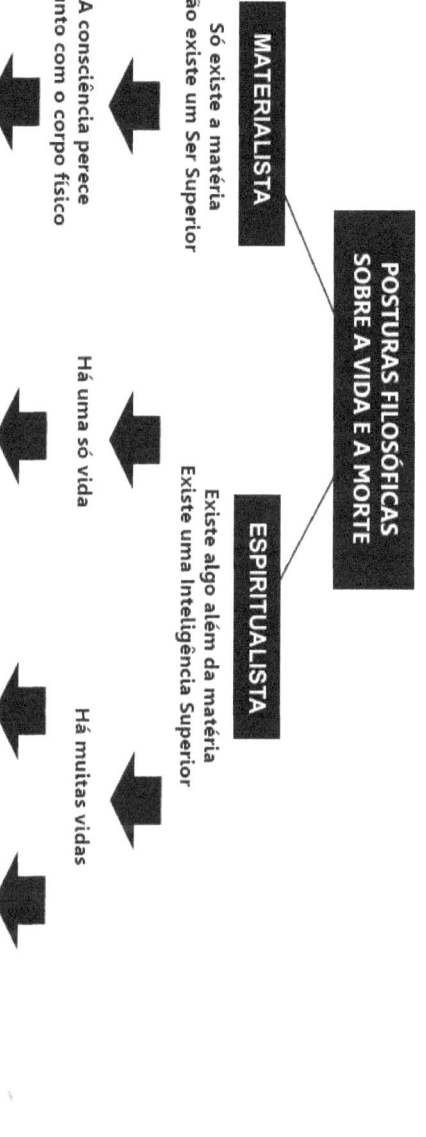

encontra-se começando sua educação humana, tanto que um ser espiritualmente adiantado está se aproximando de seu exame final nesta escola do mundo. Alguns alunos, que são aptos, aprendem rapidamente, enquanto que outros egos, semelhante a crianças pouco inteligentes, requerem maior tempo para compreender suas lições. Nenhum aluno haverá de fracassar jamais, mas a duração de tempo que requer para capacitar-se para o exame superior, dependerá de seu próprio critério. O discípulo judicioso considerando que esta vida escolar é meramente uma preparação para outra mais elevada, procura aproveitar o tempo da melhor forma possível e trata de compreender as regras da escola e conformar sua vida de acordo com elas". (16)

Em cada vida, nossa Alma espiritual adota uma "personalidade" que não é outra coisa que uma máscara provisória. Recordemos que "personalidade" vem da palavra latina persona que não é outra coisa que "máscara", e estas –usadas para representações teatrais– além de ocultar a verdadeira face, tinham um artifício que as fazia amplificar a voz ("per sonare", ou seja, "ressoar").

Resumindo: o processo reencarnatório consiste em uma descida da Alma espiritual a um veículo físico, o qual se repete muitas vezes através de múltiplas vidas, a fim de experimentar diversas vivências em diferentes entornos, classes sociais, raças, religiões, etc.

A reencarnação está submetida à Lei de Causa e Efeito (Karma), que restabelece o equilíbrio em todos os aspectos e situações, o que segundo as leis da mecânica traduz-se: "A toda ação opõe-se uma reação igual e de sentido oposto".

Deste modo, nossa encarnação física pode ser interpretada como um elo, o qual –sabendo que forma parte de uma grande cadeia– é a única possibilidade de que dispomos neste momento para crescer e evoluir. Sendo assim, o discípulo não se preocupa nem com as vidas passadas, nem com as vidas futuras, mas se concentra em aproveitar o presente, esta existência única que nos deram para que possamos crescer.

O ciclo completo pode ser representado com o movimento de um golfinho no mar. Quando este cetáceo salta à superfície, podemos vê-lo no ar, e entendemos que simbolicamente surge à existência (vive), mas ao submergir, deixa de existir para nossa percepção limitada (morre). Não obstante, se observarmos o processo integralmente poderemos advertir que o golfinho não modifica sua existência, mas sim seu lugar de movimento.

O processo de nascimento-vida-morte é continuado por uma existência além da morte (processos post-mortem) que é a antessala de um novo nascimento. Alguns filósofos compararam nosso ciclo vital com o percurso do sol, que sai ao amanhecer (nascimento-infância), ascende durante a manhã inundando-o todo com sua luz (juventude), chega a seu máximo esplendor ao meio dia (juventude madura), banha-nos com sua luz durante horas (maturidade) para finalmente descer (velhice) e se por no ocaso (morte). E quando parecia que o ciclo estava terminado, o sol volta a aparecer ao leste.

Este ciclo completo –à semelhança do movimento do golfinho– tem duas partes bem diferenciadas:

a) Manifestação, desde o nascimento até o falecimento.

b) Imanifestação, desde o falecimento ao renascimento.

Com relação ao Karma, vale esclarecer que o conhecimento superficial desta lei, leva a muitos a relacionar o Karma com uma espécie de castigo, mas desde uma perspectiva mais elevada devemos entendê-lo como uma tendência geral da natureza ao restabelecimento do equilíbrio e da harmonia. Neste sentido, o Karma não é uma condenação, mas uma compensação, um ajuste.

A tradição indiana estabelece três tipos diferentes de Karma:

a) Sanchita ou Karma acumulado, ou seja, o Karma que chegamos a acumular durante várias encarnações.

b) Prarabhda ou Karma maduro, ou seja, aquele Karma que deverá ser saldado na presente encarnação.

c) Kriyamana ou Karma em formação, ou seja, aquele que está sendo gerado nesta vida atual. O mesmo será agregado a Sanchita (o Karma que se vai acumulando) e se nos apresentará como Karma maduro (Prarabhda) quando chegue o momento.

O "Karma" (Causa e Efeito) nos leva a outro conceito relacionado com o que é chamado no Oriente "Dharma", que não possui uma tradução direta ao nosso idioma, mesmo que muitas vezes seja interpretado como "Ordem Universal", "Lei" ou "Dever". Em outras palavras, o Dharma pode ser visto como nosso sendeiro na vida, como aquilo que necessariamente devemos fazer para alcançar a autorrealização, ou melhor, o que devemos fazer para não gerar Karma. Por esta razão, e desde um ponto de vista prático, o Dharma traduz-se como "Propósito de Vida" e é o que dá um sentido mais elevado à nossa vida cotidiana.

Não obstante, para seguir nosso Propósito de vida é

necessário primeiro descobrir qual é esse Propósito e é certo que a maioria das pessoas não tem ideia nem de onde vem e nem para onde vão. Dado que reconhecer nosso Propósito não é fácil e pode nos custar anos –porque não nos conhecemos a nós mesmos– a melhor forma de ir descobrindo nossa missão e tomando consciência da mesma é a formulação de um Projeto de vida que nos aproxime de nosso Propósito. Descobrir nossa vocação profunda e para além de nosso trabalho ou atividade que desenvolvemos para ganharmos o pão de cada dia, mas que aponta a encontrar o EIXO de nossa vida para atuar eficazmente na sociedade.

O caminho ao êxito fundamenta-se em uma boa planificação estratégica e um bom aproveitamento do tempo. As pessoas que afirmam que "não tem tempo" geralmente não estão dispostas realmente a mudar suas vidas, pois toda mudança significa compromisso e na maioria das vezes preferem "matar o tempo" (lendo periódicos ou revistas intranscendentes, realizando atividades superficiais ou vendo TV) antes que "dignificá-lo".

Muitas pessoas creem que a planificação estratégica é um tema reservado para o âmbito empresarial e que as pessoas devem viver espontaneamente, sem haver grandes planos. Todavia, se tivermos em conta o princípio do mentalismo, devemos ser conscientes que nos convertemos no que pensamos, pois nosso pensamento é criativo. Mas, para poder criar há que saber até onde queremos ir e fazermo-nos esta pergunta: "Que queremos verdadeiramente?" analisando conscientemente a resposta para determinar se nossas motivações procedem dos desejos da personalidade ou se –pelo contrário– são inclinações próprias da vontade mais alta, ou seja, de nossa Alma espiritual.

Resumo da Sala da Vida e da Morte

* A reencarnação fundamenta-se em uma justiça divina ou equilíbrio universal, na qual –cedo ou tarde– tudo se compensa.

* O ciclo vital completo do ser humano contém duas partes bem diferenciadas: a manifestação (desde o nascimento até a morte) e a imanifestação (desde o falecimento ao renascimento).

* A reencarnação está submetida à Lei de Causa de Efeito (Karma), que restabelece o equilíbrio em todos os aspectos e situações.

* O Dharma pode ser traduzido como nosso "propósito de vida", aquilo que necessariamente devemos fazer para alcançar a autorrealização e deixar de gerar Karma

* A melhor forma de ir descobrindo nosso Dharma é a formulação de um Projeto de vida que nos aproxime de nosso Propósito.

Conto: A história da humanidade

Conta-se que na antiga Pérsia viveu um rei chamado Zemir.

Coroado muito jovem, sentiu-se na obrigação de instruir-se, pelo que reuniu ao seu redor numerosos eruditos vindos de todos os países e lhes pediu que escrevesse para ele a história da Humanidade. Todos os eruditos concentraram-se na tarefa.

Passaram vinte anos enquanto se redigia o livro. Finalmente, chegaram ao palácio com quinhentos volumes, carregados nos lombos de doze camelos.

O rei Zemir, então, já passava dos quarenta anos.

"Já sou maior", disse-lhes, "não terei tempo para ler tudo isso antes de minha morte. Rogo-vos que façais uma edição resumida".

Por mais de vinte anos os eruditos dedicaram-se ao labor, e regressaram ao palácio com só três camelos. Mas, o rei havia envelhecido muito. Sexagenário, sentia-se débil.

"Não me é possível ler todos esses livros. Por favor, fazei uma versão ainda mais breve". Os eruditos trabalharam dez anos mais e retornaram com um elefante carregado com sua obra.

Mas, com mais de sessenta anos e meio cego, o rei não podia ler e pediu uma edição mais abreviada. Os eruditos também haviam envelhecido. Concentraram-se durante cinco anos mais e, momentos antes da morte do monarca, retornaram com um único tomo.

"Morrerei, então, sem saber nada da História da Humanidade", suspirou o rei.

Junto à cabeceira de sua cama, o mais ancião dos eruditos lhe disse:

"Explicar-te-ei em poucas palavras a História da Humanidade: o homem nasce, sofre e, finalmente, morre".

Nesse instante o rei expirou.

A Sala do Absoluto

(Oitavo aposento)

"Nosso conhecimento de Deus, consiste em saber como devemos ignorar-Lhe. Se o compreendêssemos já não seria Deus. Mas facilmente entendemos de Deus o que não é, que não o que é e não é pouco saber de Deus conhecer o que não é se o sabemos bem". (Santo Agostinho)

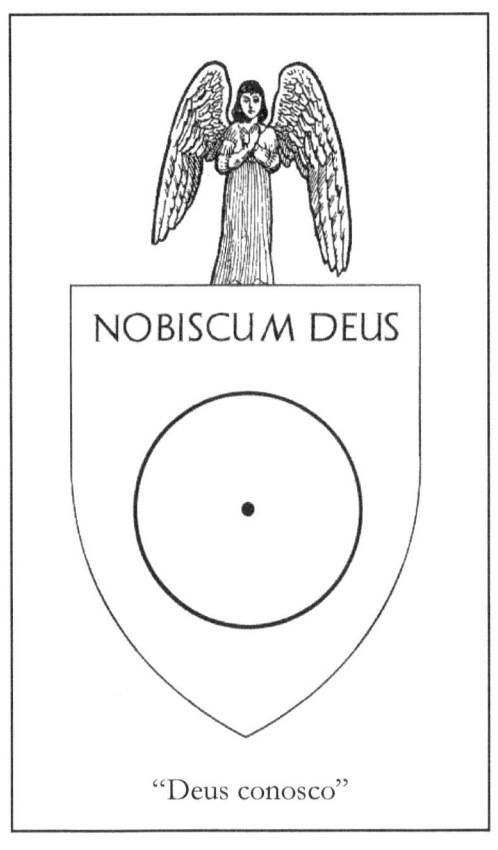

"Deus conosco"

Uma estância luminosa decorada com vitrais e motivos angélicos serve de marco à seguinte estela, que tem desenhada um círculo com um ponto central e a sentença latina: Nobiscum Deus (Deus conosco).

A Filosofia Perene é espiritualista e se baseia não na crença, mas sim na absoluta segurança da existência de uma Inteligência Macrocósmica a que costuma-se chamar Absoluto, o Uno sem segundo ou simplesmente "o Mistério dos mistérios".

O filósofo Baruch Spinosa dizia que *"Definir a Deus equivale a negar-Lhe"*, o qual significa que uma mente finita como a nossa não pode conhecer a Deus por meio da razão. Não obstante, se o axioma hermético "Assim como é em cima é em baixo" é certo, o conhecimento do microcosmo poder-nos-ia levar –por correspondência– a conhecer o Macrocosmo. Sendo assim, tornaremos uma vez mais ao oráculo de Delfos: *"Conhece-te a ti mesmo e conhecerás o Universo e os deuses"*.

Certamente, a palavra "Deus" gerou múltiplas confusões e foi muito manipulada ao longo da História da Humanidade, em especial nos últimos séculos. Por esta razão, às vezes é preferível o termo "Absoluto", ou "Uno sem segundo", que são formas mais apropriadas para denominar a Divindade como um todo.

Muitas pessoas sustentam uma crença em um deus pessoal externo e antropomórfico, um ancião de barba branca que nos premia ou nos castiga segundo nosso comportamento, e que pode perdoar-nos se damos algo em troca (uma promessa, uma oração, um sacrifício, etc.). Sem embargo, na tradição antiga não se concebe a Divindade como uma "entidade" externa a nós e de que estamos separados. Mas, insiste-se em nossa identidade divina, ensinada inclusive pelo Cristo a seus discípulos: *"Não está escrito em vossa Lei: Eu disse, DEUSES SOIS?"*. (João 10:32-34)

Como "chispas divinas", deuses em exílio, sempre temos próximo este "Deus conosco" porque nossa natureza é transcendente. Ao contrário do que muitos pensam, não somos um corpo que tem Alma espiritual, mas sim uma Alma espiritual encarnada, acumulando experiências e despertando de sua letargia para voltar a empreender o caminho que levará de volta ao lar.

As religiões deveriam nos ajudar no descobrimento desse Deus interno que mora em nosso coração, mesmo que a maioria dos adeptos prefira buscar a Deus "fora". Certamente a humanidade –presa da ilusão– custa-lhe demasiado deixar de lado o ridículo Deus antropomórfico de barba branca e cenho franzido, sempre disposto a castigar-nos por não seguir seu caminho.

Certamente podemos entrar em comunhão com Deus, mas somente com a divindade que mora dentro de nós. O contato com Deus centrado em torno da "permuta", essa insolente e contínua requisição de favores, não somente é uma estupidez, mas também uma prática inútil que as igrejas seguem fomentando para poder controlar de melhor maneira seus seguidores. O Deus pessoal "castigador" e "generoso" é uma aberração da mente de desejos, fruto da ignorância e da falta de consciência.

Como podemos entrar em contato com Deus? A tradição antiga nos dá duas ferramentas valiosíssimas que hoje em dia praticam-se muito mal: a oração e a meditação.

Estas são as duas vias de conexão às que nos referimos anteriormente e que podem ser entendidas cabalmente através do processo que estudam as ciências da comunicação, onde se estabelece um receptor, um emissor e um canal. Dito de outro modo: dentro de nós mesmos existe um processo de comunicação preciso entre o microcosmo e o Macrocosmo.

Na oração, o homem é o emissor e Deus, o receptor; ou seja, Deus cala para que nós falemos.

Na meditação, o homem é o receptor e Deus, o emissor; ou seja, nós calamos para que Deus fale.

Não obstante, semelhante ao processo da comunicação, podem existir "interferências" e "ruídos" que impeçam uma comunicação fluída. Estes "ruídos" são causados pela mente de desejos e são os pensamentos intrusos, aqueles que não nos permitem concentrar-nos nem meditar.

Por isso, podemos comparar a comunicação com nosso Deus interno com uma sintonização do microcosmo com o Macrocosmo, onde é necessário purificar o canal, limpando a frequência de ruídos e interferências. (aquietando a mente) para que a comunicação seja clara e fluída.

Se quisermos REALMENTE orar e meditar para en-

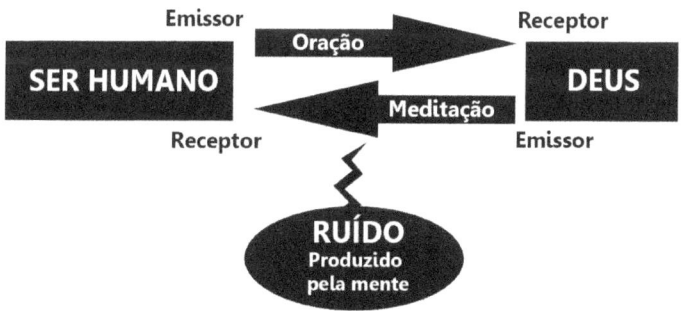

trar em contato com Deus, temos que dominar técnicas introspectivas mais básicas, para poder lograr o silêncio interior apropriado para uma comunicação sem interferências. Estas técnicas preliminares formam parte da "ascese iniciática", um método progressivo de aperfeiçoamento interno e consciente a fim de tomar o controle, dominando nossas emoções e nossos pensamentos. Só assim lograremos encontrar-nos com esse "Deus em nós".

> *"Não é possível alcançar o Adeptado e o Nirvana, a Felicidade e o Reino dos Céus, sem unir-nos indissoluvelmente ao nosso Rei da Luz, o imortal Deus que está em nós".*
> (Helena Blavatsky)

Resumo da Sala do Absoluto

* A palavra "Deus" foi muito manipulada ao longo da História da Humanidade e por esta razão, em ocasiões é preferível falar do "Absoluto" ou do "Uno sem segundo".

* Para além desse deus pessoal caricato (externo e antropomórfico), a Sabedoria Antiga refere-se ao "Deus em nós", ensinando que somos "chispas divinas" emanadas do Grande Fogo e como tais, temos uma identidade divina.

* A comunicação com nossa divindade interna realiza-se através da oração e da meditação.

Deus próximo a ti

Sêneca

Não é mister alçar as mãos ao céu nem rogar ao guardião do templo a fim de que nos admita a falar ao ouvido da estátua como se tivéssemos que ser mais ouvidos: Deus encontra-se próximo de ti, está contigo, está dentro de ti. Sim, Lúcio; um espírito sagrado reside dentro de nós, observador de nossos males e guardião de nossos bens, o qual nos trata tal como é tratado por nós. Ninguém pode ser bom sem a ajuda de Deus; pois, quem poderia sem auxílio elevar-se por cima da fortuna?

A Sala do Trabalho

(Nono aposento)

*"Da mentira, guia-me à verdade.
Da obscuridade, conduz-me à luz.
Da morte, leva-me à imortalidade".*
(Brhadaranyaka Upanishad)

No brasão da sala seguinte do grande Templo aparece uma abelha, símbolo do trabalho interno e externo, ou seja, dentro e fora do favo de mel. Por esta razão, a máxima deste recinto é *"Ora et Labora"*, um chamado ao equilíbrio, a conciliar a teoria e a prática em uma forma de vida que dê coesão a nossas ideias e nossas ações.

O labor do "aqui e agora" com referência a nossa vida externa consiste em aproveitar nossas vivências cotidianas e o trabalho (ofício, profissão) que desempenhamos a fim de descobrir nosso Propósito na Vida.

Se nossa motivação ao iniciar este sendeiro é simplesmente "saber mais" ou receber mais informação, equivocamo-nos de rota. O Sendeiro Iniciático implica em comprometer-se e adotar um novo estilo de vida. Não é um "hobby", mas uma revolução da consciência.

Para conhecer mais, devemos começar por nós mesmos. E para conhecermos a nós mesmos, devemos trabalhar interiormente. A abelha –que aparece representada na placa desta sala– é um bom exemplo disto, já que na natureza exterior encontra a matéria-prima com a qual elabora o mel no interior da colmeia. Trabalhar fora e dentro: esta é uma das chaves do trabalho espiritual. Orar e laborar.

Na imagem da sala um machado de duplo fio (labrys) reforça o simbolismo do trabalho, já que esta ferramenta antiga corta os dois lados: para dentro e para fora, e sua etimologia recorda-nos ao "labor" que também é um "laborador" (trabalhador). (18)

Com relação a nossa vida interna, nossa tarefa é elaborar um plano estratégico que nos leve pelo bom rumo, seguindo uma "ascese", um método progressivo de desenvolvimento indo do mais denso ao mais sutil, sem saltarmos nenhum passo.

O objetivo último da ascese é a Iniciação, a iluminação da consciência, a reintegração com Deus, e por isso cada escalão é importante para chegar a tão elevada meta.

Ao relacioná-lo e integrá-lo com o Sendeiro de Iniciação, o método de desenvolvimento que promoveremos através destes escritos não é uma ascese qualquer, mas uma "ascese iniciática", uma autêntica práxis alquímica estruturada em quatro graus de trabalho: Nigredo (corpo físico, terra), Albedo (corpo vital, água), Citrinitas (corpo emocional, ar), Rubedo (mente de desejos, fogo), e mais um quinto grau (Alma espiritual, éter) que complementa e completa o ciclo.

Enquanto que os iludidos vem a iniciação simplesmente como uma cerimônia honorífica em um espaço preciso e com pessoas afins, a ascese iniciática implica em viver a Iniciação no dia a dia, com provas de Terra, Água, Ar e Fogo a cada instante, com cada decisão que tomamos.

Mediante o método de trabalho interno, o discípulo logra conciliar os opostos e matar o homem velho (palaios anthropos), para que nasça o Homem Novo (neos anthropos), convertendo uma existência profana (com um tempo e espaço desacralizados) em uma vida purificada e sagrada, entendendo a antiga frase oriental: *"para os puros, tudo é puro"*.

A palavra "ascese" pode ser considerada anacrônica nos meios profanos porque implica em um esforço disciplinado para conseguir algo e muitas vezes costuma-se relacionar com as práticas de autoflagelação realizadas num entorno monástico. Na realidade, a palavra provém do grego e faz referência aos exercícios que usavam os atletas e os soldados para seu treinamento físico, mas posteriormente foi tomada pelos filósofos espiritualistas para ilustrar certos métodos de aperfeiçoamento interior.

Alguns métodos ascéticos reconhecidos são o Yoga de Patanjali, os Exercícios Espirituais de São Ignácio de Loyola, a senda carmelitana de São João da Cruz, o "Solve et Coagula" alquímico, o V.I.T.R.I.O.L. maçônico, o método Zen, etc.

Para que o desenvolvimento seja realmente integral, necessitamos de uma ascese que purifique todos os nossos veículos, utilizando diferentes práticas e ferramentas precisas para poder alinhá-los e despertar a nossa consciência, um processo contínuo que implica em trabalhar como a abelha: dentro-fora. Em seguida realizaremos uma rápida revisão ao método de desenvolvimento interno que usa a escola "Opus Philosophicae Initiationis", o qual é explicado mais profundamente em outros volumes desta coleção.

No primeiro grau da ascese iniciática o ponto focal está dado no elemento Terra, atentando-se a vários aspectos de capital transcendência no desenvolvimento do corpo étero-físico:

Alimentação adequada
Eliminação de hábitos nocivos
Cuidado com a higiene corporal
Prática de algum tipo de exercício físico
Repouso adequado e relaxamento.

Estes cinco aspectos não devem ser descuidados se quisermos realizar um trabalho interno esmerado e metódico. Se os ignoramos por considerá-los de pouca transcendência, cedo ou tarde tropeçaremos, pois as práticas mais "elevadas" fundamentam-se no domínio dos veículos inferiores, começando pelo corpo étero-físico.

Por isso, é necessário dominar desde o começo nossa vontade, trabalhando disciplinadamente e buscando momentos de solidão para encontrarmo-nos conosco mesmos. Se o entorno familiar se mostrar hostil a nossas práticas, podemos recorrer a uma igreja próxima ou inclusive a um parque, para encontrar paz e silêncio necessários para realizar nosso labor introspectivo.

O exercício básico da primeira etapa é o relaxamento, a preparação de nosso veículo físico, eliminando as tensões e preocupações que lhe impedem de trabalhar internamente. No segundo grau do trabalho ascético devemos centrar-nos no elemento Água e no desenvolvimento do corpo vital, o qual se logra dominando os exercícios de harmonização, em especial a arte da respiração.

A respiração tem um duplo aspecto: um esotérico ou interno e outro exotérico ou externo. Em sua faceta fisiológica, a respiração pode ser interpretada como "externa" ou "exotérica", enquanto que em sua relação com o prana e o fluxo energético, pode ser assimilada como "esotérica" ou "interna".

A Filosofia Perene sempre afirmou que no ar existe uma substância invisível, indispensável para a vida, a qual recebeu vários nomes, entre eles "força vital", "hálito de vida", "chi", "ki" ou "prana". Mediante este prana o corpo vital (também chamado "corpo prânico") logra vivificar o corpo físico, e a interrelação de ambos faz possível nossa existência.

O terceiro grau da ascese iniciática leva-nos a trabalhar com nossas emoções através do elemento Ar. Neste sentido, o trabalho se focaliza não somente no conhecimento do processo emocional, mas no controle do desejo. Entendamo-lo bem: controlar os desejos não quer dizer reprimi-los, mas transmutá-los.

Nesta etapa, o estudante também começará a harmonizar seus centros sutis (chakras) mediante a vocalização de sons vocais, a visualização e o canto devocional.

O quarto grau de nosso método progressivo de desenvolvimento interno está relacionado com o elemento Fogo e com a mente de desejos. Neste labor envolve um domínio eficaz dos pensamentos, entendendo a relação simbiótica entre o corpo emocional e a mente de desejos. O exercício central desta etapa é a concentração, que é o fundamento do trabalho espiritual posterior.

O último degrau, que complementa e completa os quatro anteriores, está relacionado com o quinto elemento (Éter). Nesta instância o labor ascético está focado na meditação e na oração, assim como nas práticas concentradas para trabalhar com a Tríade Manas-Buddhi-Atma, ou seja, com a Alma espiritual. Para poder praticar eficazmente a meditação e a oração, é necessário o silêncio. Todas as tradições ressaltam o valor do silêncio pois é o único meio de serenar a Alma espiritual para a contemplação.

Sem embargo, o silêncio não significa simplesmente a

ausência de sons mas de algo mais profundo: a cessação da contínua tagarelice da mente. Por isso Miguel de Molinos diz que em seu "Guia Espiritual": *"Há três tipos de silêncio: o primeiro das palavras, o segundo de desejos e o terceiro de pensamentos. O primeiro é perfeito, o segundo mais perfeito e o terceiro perfeitíssimo. No primeiro, de palavras, alcança-se a virtude; no segundo, de desejos, consegue-se a quietude; no terceiro, de pensamentos, o recolhimento interior. Não falando, não desejando, não pensando, chega-se ao verdadeiro e perfeito silêncio do místico, no qual fala Deus com a Alma, se comunica e a ensina em seu mais íntimo fundo a mais perfeita e alta sabedoria. A esta solidão interior e silêncio místico a chama e conduz quando lhe diz que lhe quer falar a sós, no mais secreto e íntimo do coração. Neste silêncio místico entrarás se quiseres ouvir a suave, interior e divina voz.*

» Não te basta ouvir o mundo para alcançar este tesouro, nem o renunciar a seus desejos, nem o desapego de tudo o criado, se não te desapegares de todo desejo e pensamento. Repousa neste místico silêncio e abrirás a porta para que Deus se comunique contigo, se una contigo e te transforme". (19)

Os discípulos avançados costumam retirar-se ao templo de seu coração, o Santuário do Ser, distante do caos e as celeridades da sociedade profana, e nesse lugar silencioso comungar com seu Mestre Interno, escutando sem intermediários seus ensinamentos.

"Unicamente na mente silenciosa onde se pode edificar a verdadeira consciência". (Sri Aurobindo)

Resumo da Sala de Trabalho

* O Sendeiro Iniciático implica em compromisso e em novo estilo de vida. Não é um "hobby" mas sim uma mudança integral, uma verdadeira revolução da consciência.

* Para trabalhar interiormente, propomos uma ascese iniciática, uma autêntica práxis alquímica estruturada em quatro graus de trabalho nigredo (corpo físico, Terra), albedo (corpo vital, Água), citrinitas (corpo emocional, Ar) e rubedo (mente de desejos, Fogo), mais um quinto grau (Alma espiritual, Éter) que complementa e completa o ciclo.

A Sala da Unidade

(Décimo aposento)

"Posto que todos somos um na vida, a comunhão que provém desta vida é uma. Sempre que há unidade, há comunhão. Onde não há unidade, não há comunhão. Portanto, quando estamos em comunhão, somos um".

(Witness Lee)

Na sala seguinte, encontrarás sobre uma esplêndida mesa de carvalho um facho de espigas atado com fitas de várias cores e em uma das paredes uma nova placa com a inscrição "Fraterna Caritas est Ducis" ("O Amor entre os Irmãos é doce").

Na atual sociedade do "politicamente correto" fala-se muito de fraternidade humana, mas simplesmente como uma aspiração vaga, um "slogan" bonito usado como uma proteção perante uma realidade impiedosa. A Sabedoria Antiga, por sua parte, refere-se à Fraternidade Universal como uma lei da natureza pois ensina que todos os homens são UM, células integrantes da Vida Una, do Absoluto, chispas divinas emanadas do mesmo fogo.

Neste sentido, a Fraternidade não pode ser considerada um sonho bonito e sim um FATO, ainda que os homens adormecidos não possam dar-se conta disto, e sigam buscando qualquer desculpa para a separação e a diversidade (religiões, raças, nacionalidades, classes sociais, orientações sexuais, simpatias desportivas, etc.). O caminho para concretizar a Fraternidade Universal em nosso planeta passa pela citada restauração sociedade primordial, integrada por cidadãos do mundo conscientes e lúcidos, unidos sob uma única Lei, a regra de ouro dos antigos resumida na sentença: "Trata o próximo do mesmo modo que desejas ser tratado". Esta é a pedra fundamental da ética das religiões: o amor consciente.

Proclamar a Fraternidade Universal e pretender que todos os seres humanos tomassem consciência de sua realidade da noite para o dia é uma tarefa impossível para nossos dias, quando o materialismo e o ateísmo dominam a Terra.

Para criar um mundo novo é necessário homens conscientes que estejam dispostos a trabalhar sinergicamente. Mas, o que é SINERGIA. De acordo com o Dicionário Real da Academia (*) este termo se define como: *"Ação de duas ou mais causas cujo efeito é superior à soma dos efeitos individuais"*, ou seja, a atividade coordenada de vários indivíduos para alcançar uma meta em comum, em benefício de todos.

De acordo com a antropóloga Ruth Benedict (que introduziu o conceito de sinergia vinculado ao âmbito social em 1941), em uma sociedade altamente sinérgica, esta se organiza de tal modo que o indivíduo serve a si mesmo e à comunidade, enquanto que em uma sociedade com baixa sinergia as organizações sociais criam uma pronunciada oposição entre as necessidades pessoais e as grupais. Por esta razão, as sociedades de "alta sinergia" são seguras, benevolentes e altamente morais; enquanto que as de "baixa sinergia" (como nossa sociedade moderna) são inseguras, indiferentes e imorais, como consequência de uma "moral light" descrita com precisão pelo psiquiatra Enrique Rojas em seus livros e que se fundamenta em uma *"tetralogia dissolvente e giratória, que acaba no nihilismo: hedonismo-consumismo-permissividade-relativismo"*. (20)

Este ponto é importante: nas concepções políticas iniciáticas cada membro da sociedade trabalha em harmonia com os demais, entendendo que seu trabalho é necessário para que se logre o bem comum. Na "República" de Platão –talvez o modelo político-iniciático mais antigo que se conhece– o Estado funcionava eficientemente na me-

---

(*) O Dicionário utilizado pelo autor é da Língua Espanhola. [Nota do tradutor]

dida em que cada classe cumpra adequadamente com seu "Propósito". Neste sentido, nenhum ofício ou profissão pode ser considerado melhor do que outro, e sim que todos devem dar forma a uma sociedade integral e harmônica. Neste esquema tradicional se pode dizer que um bom enfermo vale mais que um mau médico, ou que um pedreiro consciente vale mais que um arquiteto inconsciente.

Resumo da Sala da Unidade

* A Fraternidade Universal defende que todos somos UM, ou seja, que somos parte de um mesmo ser.

* Para concretizar no mundo essa realidade metafísica é necessário que os espiritualistas formem núcleos da Fraternidade Universal, células de resistência ao materialismo.

* Nosso objetivo último como humanidade consciente da Unidade é a restauração da sociedade primordial.

* A regra de ouro estabelece o seguinte mandamento universal: "Trata ao próximo do mesmo modo que gostarias de ser tratado".

Mantra da Unificação

Os filhos dos homens são um e eu sou um com eles,
Cuido de amar, não de odiar;
Cuido de servir, não de exigir serviço;
Cuido de curar, nunca de ferir.
Que a dor traga a devida recompensa de Luz e Amor,
Que a Alma controle a forma externa,
A vida e todos os acontecimentos
E traga a Luz, o Amor subjacente
A tudo o que ocorre nesta época.
Que cheguem visão e percepção internas.
Que o porvir seja revelado,
Que a união interna seja demonstrada
E que cessem as divisões externas.
Que prevaleça o Amor.
Que todos os homens amem.

Conto: Sou Tu

O amante chama à porta do Amado: "Quem és?", perguntou-lhe o Amado. "Sou eu". E a porta não se abre.

O Amado repete a pergunta e o amante segue perguntando "sou eu". A Porta não se abrirá até que o amante não responda: "Sou Tu".

A Sala da Virtude

(Décimo primeiro aposento)

"O fato de que milhões de pessoas compartilhem os mesmos vícios não converte esses vícios em virtudes; o fato de compartilharem muitos erros não converte estes em verdades, e o fato de que milhões de pessoas padeçam das mesmas formas de patologia mental não faz dessas pessoas gente equilibrada". (Erich Fromm)

"A Virtude é nossa recompensa"

Uma larga galeria te conduzirá a uma nova sala onde tem lugar central a décima primeira placa. Nele apoderas apreciar uma fantástica salamandra que vive placidamente entre as chamas enquanto que um curioso jovem domina, sem maior problema, duas serpentes com suas mãos.

A inscrição da lousa diz simplesmente: *"Virtus virtutis praemiun"* ("A Virtude é nossa recompensa"), uma máxima que está em plena concordância com os usos e costumes dos antigos rituais iniciáticos onde se erigia: *"Altares à Virtude e tumbas aos vícios"*.

Enquanto que o "Homem Novo" (neos anthopos) é consciente de que sua vida deve ser um exemplo de Virtude para construir uma sociedade nova e melhor, o "Homem Velho" (palaios anthropos), cego e ignorante, é prisioneiro de suas paixões e vive deslumbrado pela sociedade de consumo, atuando como um cordeirinho que segue obediente o rebanho, onde reinam o vício e o relativismo.

Para além da moral passageira, que hoje estima uma coisa como correta e amanhã como incorreta, existe uma ética universal de natureza atemporal, a qual foi resumida por Kant na seguinte frase: *"Obra só segundo uma máxima tal que possas querer ao mesmo tempo que se torne em lei universal"*. Dito de outro modo: *"Atua como queiras que todas as demais pessoas atuem"*, e inclusive: *"Trata a teu próximo do mesmo modo que queres ser tratado"*, o qual não é outra coisa que a regra de ouro que citamos anteriormente.

Ainda que o ser humano tenha logrado enormes avanços tecnológicos que seguem nos surpreendendo, interiormente não logramos evoluir demasiado desde faz muitos séculos e assim se segue rendendo culto a um duvidoso "progresso" que depredou a Mãe Terra em nome do "conforto".

Os problemas emocionais que incomodavam ao Cromagnon não são tão diferentes dos do corretor da bolsa de Wall Street, embora o aparato e o entorno sejam totalmente distintos. Neste sentido, a ética atemporal é uma guia de comportamento perene, a qual –em sua origem– estava ligada aos deuses. Dito de outra forma: o homem virtuoso da sociedade primordial trabalhava de imitar deuses em todos os aspectos de sua vida cotidiana e, observar a ordem cósmica, tratava de adequar sua vida, suas emoções e seus pensamentos a essa ordem integral.

Não obstante, quando se produziu a desintegração desta sociedade arquetípica (a simbólica queda de Adão, a destruição de Hiperbórea, a submersão da Atlântida, etc.), o ser humano centrou-se em si mesmo e começou a repetir orgulhosamente e se autoconvence de que "o homem é a medida de todas as coisas", amo e senhor da criação, deixando de lado seus referenciais celestes, isolando-se da Natureza e adotando modelos de comportamento defeituosos, de acordo com seu grau de inconsciência e ignorância.

A senda da Virtude está reservada àqueles que são puros interiormente, ou seja, os verdadeiros "nobres de coração", (a "aristocracia cordial") e para alcançar a pureza há um só caminho: trabalho interior, o despertar da consciência, mediante o que tomaremos o controle das emoções e dos pensamentos, a fim de não nos deixarmos arrastar por uma sociedade insana.

Em nossa época dessacralizada, o virtuoso rema contra

a corrente, enquanto que o vicioso não necessita remar, porque a própria corrente o arrasta. Não obstante, uma sociedade enferma como a nossa pode ser de grande utilidade como ginásio psicológico, uma sala de treinamento para a Alma espiritual. Enquanto que os covardes se desanimam ante a menor dificuldade, os valentes sabem que a adversidade os fará mais fortes. Oliver Wendell Holmes dizia: *"Se eu possuísse uma fórmula para evitar as dificuldades, não a difundiria a meu redor. A ninguém faria bem. Os inconvenientes engendram a capacidade de se lhes opor"*.

A Virtude implica em uma força interior que nos permite tomar as decisões justas nos momentos precisos para poder evoluir conscientemente. A senda virtuosa implica em vencer nossos defeitos, do mesmo modo que o menino da placa simbólica logra dobrar as serpentes peçonhentas. Vencer nossas paixões não implica reprimi-las, mas transmutá-las, convertê-las em algo melhor. Cada coisa que existe em nosso interior tem seu propósito, por isso nosso labor é converter o mau, o grotesco e o inútil naquilo que é bom, belo e útil.

Aristóteles falava da "regra dourada" ou do "justo meio" explicando que a felicidade encontra-se na virtude, não no vício. De acordo com ele, "A summa summarum de toda sabedoria humana é a regra de ouro 'ne quid nimis', demasiado ou demasiado pouco deixa tudo a perder".

Deste modo podemos estabelecer que os extremos são "viciosos" enquanto que o caminho do meio é "virtuoso".

A seguinte tábua resume este ponto:

Covardia (vício)	Temeridade (vício)	Valentia (virtude)
Avareza (vício)	Esbanjamento (vício)	Generosidade (virtude)

Platão, por sua vez, considerava quatro virtudes fundamentais: Prudência, Justiça, Fortaleza, e Temperança que são quatro hábitos que se adquirem através da disciplina e da repetição.

> *"As virtudes não se originam nem por natureza nem contra a natureza, mas se fazem em nós que, de um lado, estamos capacitados naturalmente para recebê-las e, de outro, as aperfeiçoamos através do costume".* (Aristóteles)

Resumo da Sala da Virtude

* Para construir uma sociedade nova e melhor, nossa vida deve ser um exemplo de Virtude.

* Para além da moral passageira, que hoje estima uma coisa como correta e amanhã como incorreta, existe uma ética universal e atemporal, comum a todas as tradições espirituais.

* Em nossos dias, o virtuoso rema contra a corrente, enquanto que o vicioso é arrastado pela mesma corrente. No cotidiano de uma sociedade insana, os caminhantes encontram seu próprio ginásio psicológico.

A Sala dos Mistérios

(Décimo segundo aposento)

"As horas mais obscuras da noite são as mais próximas do amanhecer". (Anónimo)

Chegaste ao último recinto, o mais sagrado de todos, localizado no centro mesmo do Templo da Pansofia: o Sancta Sanctorum. Na entrada encontrarás uma última lousa,

que tem desenhada um falcão com uma chave em seu bico e um conjunto de estrelas, que representa a Cruz do Sul e da Ursa Maior, as duas constelações que nos servem para encontrar o Norte celeste. Uma frase acompanha a placa *"Ad Astra Sequor"*, isto é: "Segue as estrelas", convidando-nos a apontar ao alto e alcançar o céu.

O imenso salão está iluminado por uma enorme tocha de chamas ondulantes. Para chegar a este fogo, deve subir uma plataforma com 33 degraus, cada um deles decorado com o nome do herói ou instrutor do passado. Ao ascender lentamente, poderás sentir-te acompanhado em cada passo por cada um destes augustos representantes da cadeia tradicional: Enoch, Melquisedeque, Hermes Trismegisto, Vyasa, Quetzalcoatl, Confúcio, Cristo, Buddha, Zoroastro, Sankaracharya, Guru Nanak, Orfeu, Pitágoras, Lao-tsé, Platão, Maomé...

Após subir um a um dos degraus, chegarás perante o fogo central que marca o fim de tua peregrinação, o ponto central do Templo da Pansofia, o lugar sacrossanto que representa o fim de toda busca, de toda odisseia. O centro buscado pelos heróis das lendas, o eixo do mundo onde se resolvem todas as disputas e contradições.

Neste ponto sagrado, perante a chama eterna da sabedoria, entenderás muitas coisas.

Compreenderás que és um alquimista que tem o poder de transmutar o feio no belo, o inútil em útil e mal em bom.

Saberás também que és um guerreiro luminoso que deverás enfrentar-te com valentia com o desconhecido e derrotar os quatro dragões dos elementos, a fim de tebanhares com o sangue e obter assim sua força.

Compreenderás finalmente, que como representante da espécie humana neste recinto sagrado, és a promessa de um mundo novo, porque a semente do Homem Novo está começando a brotar em teu coração. Rega-a e permita-lhe crescer.

A revolução silenciosa dos nobres de coração está muito próxima. Os tempos cada vez são mais propícios, ainda que devamos esperar mais obscuridade neste mundo do avesso, pois nossa civilização enferma deverá "descer ao fundo do poço" antes de poder centrar-se na construção de um mundo melhor.

Esta penosa situação não era desconhecida pelos antigos, que nos ensinaram que nossos tempos de decadência correspondia à idade mais obscura, a idade de ferro ou "Kali-yuga", um período sombrio de maldade, guerras e desordem onde o vício se converteu na norma e a virtude, na exceção.

Nossa tarefa é seguir um exemplo decidido de Gandhi e Thoreau e conformar uma resistência pacífica a este reino de caos, convertendo nossa existência em um movimento de *"contra fricção que pare a máquina"*, a fim de custodiar e preservar a chama eterna obedecendo ao mandato de Edward Carpenter:

"Oh, não deixeis morrer a chama! Protegida com ternura de idade após idade nas obscuras Cavernas, em seus santos templos cuidada. Alimentada por puros ministros de amor, não deixeis morrer a chama".

Perante o avanço das trevas, da morte e do ódio, a única solução é converter-nos nós mesmos em fonte de Luz, de Vida e de Amor, fazendo-nos eco das palavras de São Francisco de Assis:

Senhor, faz de mim um instrumento de tua paz.
Houver ódio, que eu leve Amor.
Onde haja ofensa, que eu leve Perdão.
Onde haja discórdia, que eu leve união.
Onde houver dúvida, que eu leve a Fé.
Onde houver desespero, que eu leve a Esperança.
Onde houver tristeza, que eu leve a Alegria.
Onde houver trevas, que eu leve a Luz.
Ó Mestre,
Concede-me que eu não busque ser consolado,
Mas sim consolar.
Ser compreendido, mas sim compreender.
Ser amado, mas sim amar.
Porque: é dando que se recebe,
perdoando se é perdoado,
Morrendo se ressuscita à Vida Eterna.

Seguir a sabedoria e ir contra a corrente, evitando o caminho fácil da multidão. Esta situação não é nova e já era conhecida por alguns dos antigos filósofos:

"Os que buscam uma vida superior na prudência, os que aspiram viver fiéis a seus princípios espirituais, devem estar preparados para ser objeto de crítica e condenação. Muitas pessoas que baixam progressivamente a lista de suas aspirações pessoais em uma tentativa de ganhar aceitação social e mais comodidade na vida, terminam amargamente ressentidos com os que têm inclinações filosóficas e se negam a compreender seus ideias espirituais em sua busca de melhorar-se a si mesmos. Nunca vivas em função *destas Almas débeis. Compadece-te delas ao mesmo tempo em que te manténs firme no que tu sabes que é bom"*. (22)

Nobre caminhante: o sendeiro que deves transitar não é fácil, mas é o único digno de ser percorrido. Os Mestres de Sabedoria confiam em teu esforço, pois necessitam de um exército de seres humanos melhores, conscientes de sua verdadeira identidade e dispostos a trabalhar por um destino mais luminoso.

Adiante! Atreve-te a avançar! Semper Ascendens!

Resumo da Sala dos Mistérios

* Toda peregrinação iniciática culmina no centro, no simbólico "Sancta Sanctorum" onde se alcança Iluminação da consciência.

* Seguir a sabedoria significa ir contra a corrente, evitando o caminho fácil da multidão.

Glossário de termos

Absoluto: Inteligência macrocósmica, o Uno sem segundo ou simplesmente "o Mistério dos mistérios". Uma forma apropriada para denominar a "Deus", a Divindade como um todo.

Adepto: Seres humanos que alcançaram a Maestria, pois finalizaram a senda iniciática que nós estamos percorrendo ou começando a percorrer. Simbolicamente abriram a "porta do templo" alcançando a Iniciação e ampliando Sua Consciência.

Albedo: Segunda etapa da ascese alquímica. Passagem desde as trevas à luz, vivificando e vitalizando a matéria com a vida. Neste grau, o trabalho interno centra-se no corpo vital ou prânico, ou seja, aquele que anima e dá vida ao corpo físico. Câmara branca.

Alinhamento: Labor de ordenar e "purificar" os quatro corpos da personalidade (físico, vital, emocional e mental inferior) convertendo cada veículo da personalidade em um instrumento eficaz às ordens do Eu Superior.

Alma espiritual: A Tríade Manas-Buddhi-Atma, o Eu Superior.

Arte: Atividade criativa do homem que –mediante a combinação de matérias-primas, sons e imagens– busca a comunicação de uma ideia ou emoção, para produzir uma reação no espectador.

Ascese: A "ascese" (no Oriente "sadhana") é um método progressivo de aperfeiçoamento interno que consta de diversos exercícios introspectivos, assim como provas e desafios pessoais que se devem superar antes de alcançar a iluminação.

Aspirante: Pessoa que se encontra na antessala do caminho, que recebe as primeiras impressões sobre a senda espiritual e que está decidido a dar o primeiro passo.

Atma: Vontade pura. A parte mais elevada de nosso Ser, a chispa divina em nós.

Buddhi: A inteligências para além do intelecto e a compreensão através da intuição.

Buscador: ser humano que não se contenta com a superficialidade reinante no mundo e começa a "buscar" respostas a suas perguntas existenciais.

Caibalion: Compilação de sete princípios universais realizada a princípios do século XX pelos "Três Iniciados" tomando como ponto de partida os ensinamentos atemporais de Hermes Trismegisto, o três vezes grande.

Chakras: Do sânscrito "rodas". Centros de energia situados nos veículos sutis do homem. Os sete principais estão dispostos ao longo da coluna vertebral: Muladhara (raiz), Swadisthana (genital), Manipura (plexo), Anahata (cardíaco), Vishudda (laríngeo), Ajna (sobrancelhas) e Sahasrara (coroa).

Ciência: Atividade humana que tem como objetivo o descobrimento dos segredos da Natureza. Enquanto que a ciência profana concentra-se na observação e interpretação dos fenômenos naturais físicos, desconhecendo ou ignorando a "realidade espiritual ou invisível". A Sabedoria Antiga propõe uma nova Ciência, útil ao desenvolvimento da consciência e absolutamente compatível com a vida espiritual.

Ciências Arcanas: Disciplinas antigas cujos vestígios chegaram até nós na forma do Tarô, do I-Ching, da Astrologia, etc. mesmo que a sociedade materialista tenha se encarregado de banalizá-las e adaptá-las aos desejos egoístas dos homens, removendo seu conteúdo espiritual.

Citrinitas: Terceira etapa da ascese alquímica. Nesta etapa o candidato deve centrar seu trabalho no corpo emocional, no controle e na purificação das emoções, harmonizando, além disso, seus centros sutis (chakras) através da vocalização e no canto devocional. Câmara amarela.

Consciência: compreensão íntima de quem somos, aonde vamos, qual é nossa natureza e qual é a nossa missão nesta vida. Segundo os ensinamentos arcaicos, o ser humano tem a consciência adormecida e poderá despertar de duas maneiras fundamentais: uma agradável, através da ascese (o trabalho interior) e outra desagradável, mediante o sofrimento.

Constituição setenária: Divisão de "sete veículos" ou corpos no ser humano, em consonância com os ensinamentos esotéricos: corpo étero-físico, corpo vital, corpo emocional, mente de desejos, Manas (Mente Superior), Buddhi (Corpo Intuicional), Atma (Vontade Pura).

Dharma: "Sendeiro da Vida", "Ordem universal", "Lei", "Dever", desde um ponto de vista prático traduz-se como "Propósito de vida".

Discípulo: Pessoa que transcendeu sua condição de provacionista e que foi aceita a passar às cinco iniciações da Alma Espiritual (Terra-Água-Ar-Fogo-Éter).

Elementos: Terra, Água, Ar, Fogo e Éter.

Esoterismo: Conhecimento interno, invisível e essencial. Toda doutrina tem seus graus de ensinamento: um externo (exotérico) e outro interno (esotérico). Ambos são opostos e, por sua vez, complementários, mas o esoterismo é o que dá sentido ao exterior e visível. Uma cerimônia religiosa onde o oficiante e os frequentadores desconheçam o valor interno da mesma, poderá ser muito bonita esteticamente e inclusive emocionante, mas no fundo será uma paródia intranscendente, um espetáculo oco para homens adormecidos.

Estados de consciência: Diversos graus do despertar da consciência, desde o sonho profundo do vulgo profano à vigília dos Adeptos que alcançaram a iluminação.

Exoterismo: Conhecimento externo, visível e superficial, oposto e complementar do esoterismo.

Filosofia: Amor à Sabedoria.

Filosofia Perene: Sabedoria tradicional, atemporal e integradora, um conhecimento ancestral e profundo que dá as ferramentas básicas para o aperfeiçoamento humano.

Homem Novo: "Neos Anthopos", o Iniciado perfeito, o ser humano que se purificou através dos cinco elementos, o único que pode constituir uma elite para guiar a humanidade a um mundo novo e melhor.

Homem Velho: "Palaios anthropos", o homem apegado à matéria, escravo dos sentidos, sem propósito e sem transcendência na vida.

Iniciação: A iluminação, a reintegração com Deus. É um "estado de consciência" que se alcançou logo após uma esforçada peregrinação por um caminho de aperfeiçoamento chamado tradicionalmente "Sendeiro Iniciático".

Kama-manas: Mente inferior, tingida de desejos, pelo que também recebe o nome de "mente de desejos".

Karma: O Princípio de Causa e Efeito: "Toda causa tem seu efeito; todo efeito tem sua causa; tudo sucede de acordo à Lei; o acaso não é mais que o nome que se dá à lei não reconhecida; há muitos planos de causalidade, mas nada escapa à Lei". Não existe o acaso, casualidade. Todo acontecimento não é fortuito, mas forma parte de uma cadeia de causas e efeitos.

Manas: Mente Superior. É o instrumento da Alma espiritual para atuar no plano dos pensamentos, tanto concretos como abstratos que usam o cérebro como um canal de comunicação entre a Mente e o corpo étero-físico.

Meditação: Disciplina espiritual mediante a qual podemos alcançar o silêncio necessário que nos permitirá entrar em comunicação direta com nosso Mestre Interior.

Metanoia: ruptura com a vida cotidiana e profana para ingressar em uma nova existência regida por princípios transcendentes e por uma comunicação íntima com a divindade. Eliade a chama de "ruptura de nível".

Mistérios: Conhecimento ancestral dividido em "Mistérios Menores" (Arte Real) e "Mistérios Maiores" (Arte Sacerdotal). Os Mistérios Menores são o meio de purificação iniciática dos provacionistas, enquanto que os Mistérios maiores compreendem as iniciações disciplinares.

Morte: É a culminação de uma vida ligada à lei dos ciclos, ou seja, a passagem de um estado a outro que implica no nascimento em outros planos.

Nigredo: Primeira etapa da ascese alquímica ou morte mística. O primeiro passo da Grande Obra, na qual a matéria se reduz à putrefação. A Câmara negra.

Oração: Disciplina espiritual mediante a qual podemos entrar em comunicação direta com nosso Mestre Interior. Não tem nada a ver com os pedidos egoístas a um Deus antropomórfico e caricato de barba branca.

Pansofia: Saber total. Filosofia Perene e atemporal.

Personalidade: Os quatro corpos do "quaternário inferior". Físico, vital, emocional e kama-manas. A palavra "personalidade" vem do latim "persona" que não é outra coisa que "máscara". As máscaras teatrais clássicas além de ocultar o rosto verdadeiro tinham um orifício que fazia amplificar a voz ("per sonare", ou seja, "ressoar").

Política: A arte e a ciência de administrar a vida pública tendo como fim a plenitude da vida humana. Desde uma perspectiva tradicional o político deve trabalhar conscientemente para construir a sociedade primordial onde se promova o exercício da Fraternidade Universal sem distinção de raça, cor, sexo, idioma, religião, opinião política, origem nacional, posição econômica, nascimento ou qualquer outra condição social.

Provacionista: Quando o aspirante se decida a trilhar o Sendeiro, deve passar por um período probatório chamado "provacionismo" onde inicia tarefas de purificação pessoal através dos Quatro Elementos e dos quatro graus básicos da ascese iniciática.

Profano: Pessoa que fundamenta sua vida na matéria, na ilusão e na ignorância. Simbolicamente são os que permanecem foram do Templo, sujeitos à aparência puramente exterior das coisas.

Quaternário inferior: é a porção mortal do ser humano, conformada por: o corpo étero-físico, o corpo prânico, o corpo emocional ou astral e o corpo mental inferior ou kama-manas. O quaternário é o complemento perecível de nosso "Eu mais elevado" ou "Tríade Superior".

Reencarnação: Descenso da Alma espiritual a um corpo físico através de muitas vidas, regressando uma e outra vez, experimentando diferentes vivências, entornos, classes sociais, raças, religiões, etc.

Religião: "Re-ligião" significa "voltar a unir", ou seja, "re-unir" o homem com a transcendência, levar-nos à Unidade.

Rubedo: Quarta etapa da ascese alquímica. Nesta etapa o candidato trabalha na purificação de sua mente de desejos, compreendendo o processo emocional em relação com seus pensamentos. Câmara vermelha.

Sendeiro Iniciático: Processo metódico que nos leva desde as trevas à luz, atravessando diversas provas e desafios através dos Quatro Elementos. Simbolicamente, este percurso culmina após abrir a "porta do templo" e entrar no Santuário do Ser ou "Sancta Sanctorum".

Sinergia: Ação de duas ou mais causas cujo efeito é superior à soma dos efeitos individuais, ou seja, a atividade coordenada de vários indivíduos para alcançar uma meta em comum, em benefício de todos.

Sociedade primordial: Sociedade em que o ser humana estava em comunhão com os deuses, vivendo em paz e harmonia com seus semelhantes. Este estado primordial foi relacionado com o Paraíso, a Atlântida ou Hiperbórea. De acordo com a Filosofia Perene, o objetivo último da Política é a restauração desta sociedade perfeita.

Tríade superior: A Alma espiritual constituída por Manas, buddhi e Atma. Porção transcendente e imortal do ser humano.

Vulgo profano: Aqueles que –por ignorância e ilusão, não por maldade– se aferram ao mundo material e ignoram a possibilidade de viver uma vida mais plena e assentada em princípios espirituais.

Referências bibliográficas e notas

(1) Blavatsky, Helena: La voz del silencio. México D.F. Diana, 1979.
(2) Por "arte sacra" não queremos indicar "arte religiosa", mas sim uma nova arte que, que surja da consciência.
(3) Alguns tradutores interpretam "Metanoia" como "arrependimento" e inclusive "penitência".
(4) Epicteto: Manual de vida. Palma de Mallorca, JoséJ. de Olañeta, 1997.
(5) Calle, Ramiro: Cuentos espirituales del Himalaya. Málaga, Sirio, 2004.
(6) Plutarco citado en: Perry, Whitall N.: Tesoro de sabiduría tradicional. Palma de Mallorca, JoséJ. de Olañeta, 2000.
(7) Versión didáctica de la alegoría de la caverna presentada por Gaarder, Jorstein: El Mundo de Sofía, Madrid, Siruela, 2004.
(8) Epicteto: Manual, op. cit.
(9) Calle, Ramiro: 101 cuentos clásicos de la India: la tradición de un legado espiritual. Madrid, EDAF, 1994.
(10) González, Federico: Introducción a la Ciencia Sagrada. Disponible en la web.
(11) Schuon, Fritjof: El esoterismo como principio y como vía. PAlma de Mallorca, JoséJ. de Olañeta, 2003.
(12) "Ex Oriente Lux" é uma máxima correta nos tempos da velha Roma, mas se tivermos em conta um conhecimento arcaico originado numa sociedade primordial que se remonta à Atlântida ou –mais longe ainda– na Hiperbórea, deveríamos falar de "Ex Septentrionis Lux", que provém da mítica civilização do Pólo Norte relacionada com Thule e com a segunda raça da Teosofia.
(13) Brhadaranyaka Upanisad
(14) Tomado da revista teosófica "El Loto Blanco" de noviembre 1921.
(15) De Mello, Anthony: La oración de la rana. Bilbao, Sal Terrae, 1988.
(16) Tres Iniciados: El Kybalión. México D.F., Orión, 1977.
(17) Pavri, Pestanji: Teosofía explicada en preguntas y respuestas. México D.F., Orión, 1988.
(18) A palavra "laberinto" também provém de "labrys" como estudaremos em outros escritos de OPI.
(19) Molinos, Miguel de: Guía espiritual. Barcelona, Linkgua ediciones, 2009.
(20) Rojas, Enrique: Siete síntomas de nuestro tiempo. Periódico ABC, 2 de junio de 2003.
(21) Os "maquis" o "partigiani" eram os membros da resistência ao nazismo durante a Segunda Guerra Mundial na França e Itália respectivamente.
(22) Epicteto: Manual, op. cit.

www.ingramcontent.com/pod-product-compliance
Lightning Source LLC
Chambersburg PA
CBHW031942070426
42450CB00006BA/732